实用商务礼仪

主 编 田爱琴
副主编 金 鑫
编 者 杨晓红

河南大学出版社
·郑州·

图书在版编目(CIP)数据

实用商务礼仪/田爱琴主编. —郑州:河南大学出版社,2017.6(2018.10 重印)
ISBN 978-7-5649-2923-7

Ⅰ.①实… Ⅱ.①田… Ⅲ.①商务-礼仪-高等职业教育-教材 Ⅳ.①F718

中国版本图书馆 CIP 数据核字(2017)第 146676 号

责任编辑　韩　琳
责任校对　霍晓玉
封面设计　翟淼淼

出　版	河南大学出版社		
	地址:郑州市郑东新区商务外环中华大厦 2401 号	邮编:450046	
	电话:0371-86059712(高等与职业教育出版分社)		
	网址:www.hupress.com		
排　版	郑州市今日文教印制有限公司		
印　刷	郑州市运通印刷有限公司		
版　次	2017 年 8 月第 1 版	印　次	2018 年 10 月第 2 次印刷
开　本	787mm×1092mm　1/16	印　张	11
字　数	261 千字	定　价	26.00 元

(本书如有印装质量问题,请与河南大学出版社营销部联系调换)

内 容 提 要

本教材根据学以致用原则，以应用项目为导向编写而成。教材共设置了四个项目，除了第一个项目是基本理论知识外，其他三个项目均为操作性强的礼仪应用技能，并且针对各个技能点设置了学生在学习过程中必须完成的任务。

四个项目涉及的礼仪主要选取了应用性较强、最为常见的仪容仪态礼仪、服饰礼仪、交往礼仪、邀约与接待礼仪、会议礼仪、商务谈判礼仪、签约礼仪及商务仪式礼仪等，并增加了学生未来必用的求职礼仪。

本教材可供高职高专院校市场营销、电子商务等专业教学使用，也可作为企业单位员工的礼仪培训教材，并适合社会各行业的人士阅读。

前　言

随着教育改革的不断深化，高职高专教育教学内容和课程体系的改革已势在必行。高等职业院校商务类专业，如市场营销、电子商务等专业，承担着为社会培养高等应用型商务人才的责任。在竞争日趋激烈的就业形势下，毕业生仅仅具备专业能力，已经不适合现代社会职业的发展需求，而人际关系的处理能力，可视为商务人员的可持续发展能力。商务礼仪是市场营销、电子商务等专业的基础必修课，对学生职业能力的培养和职业素质的养成起着重要作用。因此，必须加强商务礼仪基本知识和应用能力的教学，使商务类专业学生掌握与职业形象相吻合的礼仪技巧，使他们在仪容、仪态、服饰、行为举止、人际交往上注重礼仪修养，在待人接物上养成礼仪习惯，在商务活动中做到通情达理、知礼懂仪，从而在求职时提高个人竞争力，以获得更多的就业机会。

本教材是根据高职高专教育专业人才的培养目标和规格，以及高职高专学生应具有的知识与能力结构和素质要求编写的。本教材在编写时竭力贯彻"以素质为基础，以能力为本位"的教育教学指导思想，打破学科型的教材体系，紧扣学以致用原则，突出实用性、操作性，构建了适用于高职高专商务类专业的商务礼仪教材新体系。本教材具有以下几个方面的特色。

1. 教材内容与未来可能的工作相结合

按照"根据工作过程设置课程项目"的原则，设置了学生未来可能从事的工作与现在的学习相结合的教材内容，提高学生的学习兴趣。项目设置中有载体公司，任务设置中有人物，学生可以通过模拟情景中的具体人物进行学习，掌握礼仪应用技巧。

2. 知识技能的学习任务化

在具体内容的设计中，本教材将各种知识技能点任务化，使学生可以根据各个项目及子项目设置的情景在完成任务的过程中边学边练，把课堂变为各种商务场合，如办公室、接待室、谈判室、签约仪式场地等，使学生在学习知识的同时强化能力，做到理论与实践相结合。

3. 体现以学生为主体的教学理念

本教材的编写体现了"以学生为主体，以教师为主导"的教学理念。知识技能学习的任务化，使学生在课堂上不再仅仅是被动地听课，而是要参与其中，完成课堂的任务，使学生成为课堂的主体，而教师成为学习过程的指导者。这样有利于培养学生的礼仪应用能力，为学生今后的可持续发展打好基础。

4. 内容精简、实用

本着"必需、实用、适用、够用"的原则，本教材的内容总量根据80课时左右而设计，主要选取了应用性较强、最为常用的商务礼仪,增加了学生必用的求职礼仪,去掉了应用相对较少的西餐宴请礼仪、涉外礼仪等内容,使教材精简、实用。

本教材由河南林业职业学院田爱琴教授担任主编,河南林业职业学院金鑫副教授担任副主编,河南林业职业学院的杨晓红老师参加了编写。在编写本教材的过程中,编者借鉴和参考了一些国内外的相关书籍、教材及一些刊物上的相关资料,在此向这些作者表示敬意和感谢!

由于编写时间仓促,加之编者水平有限,本书不足之处在所难免,敬请大家批评指正。

本书编写组
2017 年 6 月 30 日

目　录

内容提要 …………………………………………………………………………（1）

前言 ………………………………………………………………………………（1）

项目一　认识商务礼仪 …………………………………………………………（1）

项目二　职业形象的自我塑造 …………………………………………………（6）
　　子项目1　仪容仪态礼仪 …………………………………………………（6）
　　　　技能点1　仪容礼仪 …………………………………………………（8）
　　　　技能点2　仪态礼仪 …………………………………………………（16）
　　子项目2　服饰礼仪 ………………………………………………………（33）

项目三　求职礼仪 ………………………………………………………………（50）
　　子项目1　求职信和简历 …………………………………………………（50）
　　子项目2　面试礼仪 ………………………………………………………（55）

项目四　雪盛电商公司和魅力服装公司电商代运营合作项目 ………………（60）
　　子项目1　交往礼仪 ………………………………………………………（60）
　　　　技能点1　称呼礼仪 …………………………………………………（60）
　　　　技能点2　通讯礼仪 …………………………………………………（64）
　　　　技能点3　握手礼仪 …………………………………………………（67）
　　　　技能点4　鞠躬礼仪 …………………………………………………（71）
　　　　技能点5　介绍礼仪 …………………………………………………（74）
　　　　技能点6　名片礼仪 …………………………………………………（80）
　　　　技能点7　交谈礼仪 …………………………………………………（86）
　　子项目2　邀约与接待礼仪 ………………………………………………（94）
　　　　技能点1　邀约礼仪 …………………………………………………（94）
　　　　技能点2　接待礼仪 …………………………………………………（98）
　　　　技能点3　中式宴请礼仪 ……………………………………………（113）
　　子项目3　会议礼仪 ………………………………………………………（121）
　　子项目4　商务谈判礼仪 …………………………………………………（140）

子项目 5 签约礼仪 …………………………………………………… (147)

子项目 6 商务仪式礼仪 ………………………………………………… (154)

参考文献 …………………………………………………………………… (166)

项目一　认识商务礼仪

【知识学习目标】

了解礼仪概念和礼仪基本要素。
了解商务礼仪的概念及作用。
掌握商务礼仪的适用范围及对象。

一、礼仪

(一) 礼仪的含义

中华民族素有"礼仪之邦"之美称,尊礼重仪是中华民族的传统美德。

孔子说:"不学礼,无以立。"荀子说:"人无礼则不生,事无礼则不成,国不礼则不宁。"这说明古人早已认识到礼仪的重要性,认识到礼仪与人、与家、与国的关系。

随着社会的进步,礼仪从含义到形式都在发展,礼仪的应用范围也更加广泛。古代的礼仪更多是对有钱有地位的人的要求,而现在人人都应该遵守礼仪规范。

所谓礼仪就是人们在长期的具体的社会生活和交往中约定俗成的行为规范和准则。简单地说,"礼"是一种道德规范,即尊重。孔子说:"礼者,敬人也。"对人要有礼,实际就是要尊重对方,尊重自己。可是你尊重对方,怎么让对方知道呢?这就需要在人际交往中通过约定俗成的各种行为、形式做出一些表示,使对方心领神会,也就是说,尊敬、尊重必须进行表达。"仪"就是恰到好处地向别人表示尊重的具体形式。因此,在人际交往中不仅要有"礼",还要有"仪"。比如,与人见面时要握手,同时说"您好"、"欢迎您"等话语,就是双方相互表示尊重的方式。

所以,在社会交往的各种活动中,既要有"礼"——尊重,也要有"仪"——表达。如果没有"仪","礼"也就不存在了。

(二) 礼仪的基本要素

礼仪是由礼仪的主体、礼仪的客体、礼仪的媒体、礼仪的环境四个基本要素构成的。

1. 礼仪的主体

礼仪的主体指的是礼仪活动的操作者和实施者。它既可以是个人,也可以是组织。当礼仪活动规模较小、较为简单时,其主体通常是个人;当礼仪活动规模较大、较为复杂时,其主体通常是组织,甚至是国家。没有礼仪主体,礼仪活动就不可能进行,礼仪也就无从谈起。

2．礼仪的客体

礼仪的客体又称礼仪的对象,指的是礼仪活动的具体指向者和承受者。礼仪的客体可以是人,也可以是组织;可以是物质的,也可以是精神的;可以是有形的,也可以是无形的。

3．礼仪的媒体

礼仪的媒体指的是礼仪活动所依托的一定的媒介,主要由人体礼仪媒体、物体礼仪媒体、事体礼仪媒体等构成。在具体操作时,这些不同的礼仪媒体往往是相互交叉、配合使用的。

4．礼仪的环境

礼仪的环境指的是发生礼仪活动特定的时空条件,分为礼仪的自然环境和礼仪的社会环境。礼仪的环境经常决定着礼仪规范和方式的选择,决定着礼仪的具体实施方法。

(三) 礼仪的分类

礼仪根据其适用对象、适用范围的不同,可以分为政务礼仪、商务礼仪、服务礼仪、社交礼仪和涉外礼仪五种形式。

1．政务礼仪

政务礼仪亦称国家公务员礼仪,它是国家公务员在行使国家权力和管理职能时所必须遵循的礼仪规范。

2．商务礼仪

商务礼仪是人们在商务活动中应该遵循的礼仪原则和规范。

3．服务礼仪

服务礼仪是指各类服务人员按照规章制度,在自己的工作岗位上向服务对象提供服务时应采取的标准的、正确的做法。

4．社交礼仪

社交礼仪亦称交际礼仪,泛指人们在社会交往活动过程中形成并应共同遵守的行为规范和准则。

5．涉外礼仪

涉外礼仪是指人们在对外交往中,用以向交往对象表示尊敬与友好的约定俗成的习惯做法和规范。

二、商务礼仪概述

(一) 商务礼仪的含义

在长期的商务交往中,为了实现商务活动的有序进行,根据在商务活动过程中一些约定俗成、共同遵守的通行惯例,结合各国、各地的习俗,逐渐形成了商务礼仪。它是在确保商务利益的同时,对交往对象表示尊重与友好的一种行为规范与准则,以保证商务活动能以更加体面和友好的方式顺利完成。

商务礼仪是礼仪内容的一个分支。商务礼仪是人们在商务活动和公务交往中应当遵循的行为规范。商务礼仪的核心是一种行为的准则,用来约束我们日常商务活动的方方面面。

(二) 商务礼仪的适用范围及对象

商务礼仪和其他礼仪最重要的区别是适用范围不同和适用对象不同。

商务礼仪的适用范围是商务活动,如果不是进行商务活动的时候,就没有必要遵守商务礼仪了。例如,商务人员在商务场合必须西装革履,在谈判、签订商务合同时着装要规范,但在休闲场合就可以不着正装而着休闲装等其他服饰。

商务礼仪的适用对象主要是商务人员,例如公司、企业的员工、管理人员以及老板。

(三) 商务礼仪的作用

礼仪是人们互相尊重的一种感情表现形式,商务礼仪的应用对促进商务活动蓬勃发展起着巨大作用。随着经济全球化的发展,我国的商务活动日益频繁,商务礼仪也扮演着越来越重要的角色,它指导人们在商务活动中减少失误和误会,从而为企业赢得更多的商机和利润。商务礼仪具有增进人员交往、提升个人素质、维护企业形象的作用。

1. 增进人员交往

一个人不管他自身是否愿意,都必然要与人交往。古希腊哲人亚里士多德曾说过:"一个人如果不和别人交往,那他要么是神,要么是兽。"特别是在商务活动中,交往更是非常重要的,也是必不可少的。

首先,商务活动是双向交往活动,交往成功与否,关键要看双方能否取得对方的理解和认可。由于商务活动中双方的立场不同,对同一个问题往往会有不同的理解和看法,这就使得双方的交流有时变得困难。而运用商务礼仪则可以促进双方相互接近、沟通情感,进而达到使商务活动顺利进行的目的。

其次,在商务活动中,难免会碰到不愉快的事情,如果处理不当,不仅会影响商务人员自身的形象,甚至还会影响企业的形象。而运用商务礼仪能起到化解矛盾、消除分歧的作用,使商务活动的双方能够相互理解,达成共识,从而妥善地解决商务纠纷。

2. 提升个人素养

比尔·盖茨说过:"市场竞争条件下,企业的竞争首先是员工素质的竞争,进而竞争的是企业形象。"公司员工的素质是通过个人的工作能力、言谈举止、待人接物、仪容仪态等一切可视的外在行为表现出来的,也就是一个人的形象。形象体现素养,素养决定形象。

作为现代人,不管是做好办公室的本职工作,还是在商务交往中恰到好处地展示自己的良好形象,都非常重要。因为形象体现着一个人的精神风貌与工作态度。商务工作向来以严谨、保守而著称,商务人员在商务交往中的个人形象直接影响着其所在企业的形象。

一位知名的公共关系大师曾经说过:"在世人眼里,每一名商务人员的个人形象如同他所在企业生产的产品、提供的服务一样重要。它不仅真实地反映了每一名商务人员本人的教养、阅历以及是否训练有素,而且还准确地体现着他所在企业的管理水平与服务质量。"因此,商务人员在日常的工作和交往中,必须正确运用商务礼仪。规范的礼仪行为就是综合形象的一个窗口,是个人形象的一个标牌。因此,商务人员必须掌握商务礼仪,已经成为一种客观要求。

3. 维护企业形象

良好的企业形象是企业巨大的无形资产。每一个巨大的品牌价值的背后,都是企业形象的震撼力在起作用。国内外许多成功企业的背后都蕴涵着企业形象的辉煌。

企业形象是企业商务礼仪的外在表现。讲究商务礼仪有助于塑造和维护企业形象。因为商务人员的个人形象往往代表着企业形象、产品形象、服务形象,在跨地区、跨文化的交往中,更代表着民族形象、地方形象和国家形象。

美国华盛顿一家市场调查机构的调查结果表明,如果在某商业企业受到非礼待遇,96%的人不会直接抱怨,但有91%的人不会再光顾这个企业的生意了。而且每个受到非礼待遇的人平均要向他周围的9个人讲述自己的遭遇,其中有13%的人要向他周围的20个人讲述。

纽约州立大学对《财富》排行榜前1000名公司的执行总裁进行调查,结果显示,这些总裁普遍认为:如果公司员工能够对客户展示良好的形象,公司便可以从中受益;员工的形象等于公司的形象,而公司的形象直接影响公司的利润。

一个企业具有良好的企业形象,意味着它有较高的、良好的知名度和美誉度,从而赢得广大客户的信赖,保持销售渠道畅通,帮助企业不断开拓市场,获得政府主管部门、工商部门、财税部门、金融部门及新闻传播媒介等的理解、信任和支持。

因此,一个企业所有商务人员的形象共同打造出了一个企业的形象,企业的形象是靠每一个员工来维护的。而企业员工的个人形象是可以通过规范的商务礼仪行为塑造、提升的。

(四)商务礼仪的基本理念

1. 尊重为本

礼仪最重要的要求就是尊重。尊重客人是一种常识,尊重对手是一种风度,尊重所有的人是一种教养。所以,学习礼仪、运用礼仪最重要的核心就是尊重,也包括尊重自己。人首先要尊重自己,然后才能尊重别人。

2. 善于表达

在进行商务交往时,一定要恰到好处地把你的尊重和友善表达出来。如果你不能恰如其分地正确表达,就有可能被人误会,甚至会带来不必要的麻烦。学习礼仪知识就是为了在日后的商务交往中正确地表达出对对方的尊重。

3. 形式规范

运用商务礼仪一定要规范。讲不讲规范,是你的个人素质问题;懂不懂得规范,则是你的教养和修养问题。学习礼仪知识就是为了让你将来在商务交往中规范地表达对对方的友好和尊重。

(五)商务礼仪的学习

就现代社会而言,商务人员的工作能力应该由两部分组成:一是业务能力,业务能力是现代商务人员的基本工作能力;二是交际能力,即人际关系的处理能力,这是商务人员实现可持续发展必备的能力。

业务能力只是基本能力,没有业务能力是做不好工作的,但是只有业务能力也不一定能做好工作,从某种程度上来说,人际关系的处理能力和你的工作能力,有时候就像是天平的两端,任何一端不平,在利益至上的现代企业中,都会阻碍你的职业发展。对商界人士而言,要做好工作,要提高业绩,必须要具备良好的交际能力,所以,交际能力被称为可持续发展能力。初入职场的单纯新人往往会遇到人际关系上的不适,不论是过于排斥还是过于迎合,都不是一种合适的方式。因此,人际交往是在社会上,特别是商界不可或缺的技能。业务能力和交际能力也被称为现代人必须具备的"双能力"。

我们认为,商务礼仪是一项基本的"软技巧",这个"软技巧"正是区分商务人员领先者和落后者的区别。让自己更优雅一些,更职业一些,对于每个从事商务工作的人员都是很有必要的。

良好的举止、优雅的社交魅力都不是天生的,而要通过后天的学习才能获得。礼仪和举止是必须要练习的,就像练习网球、高尔夫球、画画和弹钢琴一样。当你反复练习一个动作足够多次数的时候,这个动作就会变成下意识的自然而然的行为,这时你就会因熟练掌握而更有自信了。

当你练好各种商务礼仪的时候,你就不必为如何避免说出不恰当的言谈或者做出不适宜的举止而焦虑,从而更好地把精力集中在商务活动的业务上,把工作做得更出色。

思考与任务

一、思考

1. 什么是商务礼仪?商务礼仪的作用是什么?
2. 举出在日常生活中你应用礼仪的三个例子。
3. 举出你在电视、电影等媒体中见到的商务礼仪应用的例子。

二、任务

你准备怎么学习商务礼仪的课程?列出你的学习计划。

项目二　职业形象的自我塑造

【知识学习目标】

掌握仪容修饰的基本知识。
掌握仪态礼仪的基本姿态规范。
掌握商务着装的原则及服饰、配件的搭配技巧。

【能力学习目标】

学会仪容修饰。
学会站姿、行姿、坐姿等规范姿态。
学会正确选择及应用职业服饰。

项目二情景：同学们，现在把你们看作是即将毕业的大学生，面临着就业。一旦就业，你们就是商务人员了。商务人员在商务场合的仪容、仪态、服饰等职业形象都是有一定规范的。因此，为了你们就业后能有一个较好的形象，现在要对你们进行培训，让你们学会职业形象塑造。

子项目1　仪容仪态礼仪

子项目1情景：职业形象塑造要从仪容、仪态、服饰三个方面进行学习。请同学们塑造自己的仪容和仪态。

职业形象塑造是商务礼仪的基本内容。商务人员的优雅礼仪和良好形象是其打开成功之门的金钥匙。随着全球经济一体化，现代市场的竞争越来越激烈，在企业由产品竞争转入形象竞争的时代，掌握商务礼仪已经成为展示从业人员自身素质和修养、塑造良好的个人及企业形象的必要条件，越来越受到人们的重视，甚至有了"形象就是生命"、"形象重于一切"的说法。

商务人员的形象是通过其个人工作过程中的言谈举止、待人接物、仪容仪态及服饰等一切可视的外在表现传达出来的，特别是初次交往中，个人形象的塑造就显得更加重要。

这里首先介绍一下首轮效应。

首轮效应所探讨的主要是一个人或一个单位留给他人的客观印象是如何形成的问题，换言之，它是一种有关个人形象、单位形象的成因及塑造的理论。

所谓首轮效应，有时也称首因效应，就是第一印象。在人际交往中，人们对交往对象所产生的印象，特别是在双方初次交往时所产生的第一印象，至关重要。第一印象的好坏不仅决定着人们对交往对象的基本评价，甚至直接决定了与其的后续交往是否成功。因此，第一印象往往决定了交往的效果和结果。

心理学家的研究表明，在人际交往中我们给交往对象留下的第一印象，实际上就是第一眼的印象，而第一眼印象往往在1分钟内，甚至是双方见面后的30秒内，即可形成。有些人对交往对象形成第一眼印象甚至仅需要7秒钟的时间，这足以说明第一印象是多么重要。

第一印象之所以这么重要，是因为人们对某人、某物或某事所产生的第一印象一旦形成，通常便难以逆转。也就是说，第一印象形成之后，往往会使人们产生某种心理定式。有实验结果表明，用3.8秒产生的初步判断最长影响可达7年之久，也就是说，第一印象不一定准确，但它会根深蒂固地影响日后双方的交往。

因此，商务人员在交往中，必须对自己的初次亮相做好充分的准备，尽量在交往对象面前充分展示自己的形象，给对方留下一个良好的印象，争取获得对方的认可。否则，不佳的第一印象造成的心理定式便难以扭转。

相关研究表明，第一印象中的55%取决于交往对象的外表，如服装、仪容、仪态、表情、发型等；38%取决于交往对象的声音，如语气、语调、语速、音量等；只有7%取决于交往对象的语言内容（见图2-1）。也就是说，当我们还没有开口说话的时候，我们给别人的印象就有93%已经基本确定了。因此，要想给对方留下美好的第一印象，就要把注意力放在93%的关键因素上，即良好的外表和适度的声音。

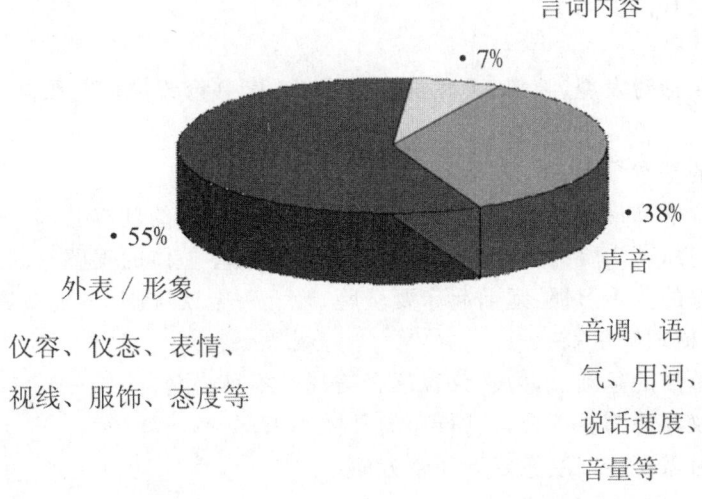

图2-1　第一印象中各种因素所占比例

技能点1 仪容礼仪

仪容是指一个人的容貌,它是由人体的头发、面容以及所有未被服饰遮掩而暴露在外的肌肤构成的,是一个人形体的基本外观,包括脸庞、耳朵、眼睛、鼻子、嘴巴、脖子和手等部位。一个人的仪容风貌可以真实地体现其教养和品位,展示其对交往对象的尊敬和重视程度。

在商务活动中,商务人员整洁端庄的仪容可以体现其较高的礼仪素养,反映其良好的精神风貌和内在气质,是自尊自爱、敬重他人和爱岗敬业的表现,并且容易获得对方的信任和尊重,有助于商务活动取得成功。

一、仪容美的含义

首先是仪容的自然美。它是指仪容的先天条件好,天生丽质。尽管以貌取人不合情理,但先天美好的仪容相貌无疑会令人赏心悦目,感觉愉快。

其次是仪容的修饰美。它是指依照规范与个人条件,对仪容进行必要的修饰,扬长避短,设计、塑造出美好的个人形象。因此,在人际交往中,要尽量令自己显得有备而来。

最后是仪容的内在美。它是指通过努力学习,不断提高个人的文化、艺术素养和思想、道德水准,培养出自己高雅的气质与美好的心灵,使自己秀外慧中,表里如一。

真正意义上的仪容美,应当是上述三个方面的高度统一。仪容的自然美是人们的心愿,仪容的修饰美则是仪容礼仪关注的重点,而仪容的内在美才是最高的境界。

二、仪容的修饰

仪容修饰包括对发型、脸部、手和身体的修饰,其中脸部包括对眼睛、鼻子、口腔和耳朵的修饰。

仪容修饰的基本规则:整洁、雅致、规范。

整洁是仪容修饰最基本、最关键的要素,也是仪容礼仪的基本要求。一个人不管长相多好,服饰多华贵,若满脸污垢,浑身异味,也必然会破坏整体的美感。因此每个商务人员都应该养成良好的卫生习惯:睡前起床要洗脸,晚上一定要洗脚,早晚饭后勤刷牙,经常洗头和洗澡,讲究梳理勤更衣。

雅致是在整洁的基础上,力求仪容仪表美观而不落俗套。

规范是指仪容修饰要符合自己行业的具体要求。

修饰仪容时需要特别注意以下几个方面。

(一) 男士的仪容修饰

1. 头发

头发是人体的最高点,是人们第一眼最容易关注的地方,而且经常会给他人留下十分深刻的印象,所以仪容修饰要"从头开始"。经过修饰的头发,应该是庄重、简约、典雅、大方的。这是商务人员不论修剪头发还是选择造型时都应做到的基本要求。

(1) 发型选择

发型是指头发的造型。对商务人员来说,发型不仅能反映出一个人的修养与品位,同时也是个人形象塑造的核心部分之一。

商务人员在选择发型时,除了受到个人品位和流行时尚的左右之外,还必须与自己的职业相称、身份相符、年龄相当、性别相合、脸型相配。

对商务人员发型的要求,最重要的是庄重,而且相对保守,不能太过新潮,不能留怪异发型,例如韩式烫发、飞机头、彩色染发等,均不适合商务人员。不同身份、年龄的人应各自选择适宜的发型,例如职位较高、年龄较大的人应当选择庄重、沉稳的发型,如背头式、分头式;年轻人则可以选择相对活泼、较短的发型,如青年式、平头式等。以发型分男女在商界依旧是一种人人必须遵守的惯例,男士留披肩发、小辫子都是不可取的发型;而明星和艺术界人士选择发型时可以标新立异,另当别论。此外,还要根据脸型选择发型,要根据不同脸型的特点,利用头发修剪的长短,起到一定的遮掩、美化作用,从而扬长避短,更加出众。

(2) 头发长度

商务人员既不宜理成光头,也不宜将头发留得过长。不论选择何种发型,修饰后都要求头发长度前不覆额,侧不掩耳,后不及领;且应定期修剪,以保持良好的精神风貌。

整洁的头发配以大方的发型,往往能给人留下神清气爽的良好印象。需要注意的是,商务人员在商务场合一般不能彩染,也不要用香味太浓的啫喱或发胶,更要注意不能有头皮屑。

2. 面部

面部修饰包括以下几个方面。

面部除了清洗干净外,一般不要留胡须,且要定时剃须。否则,胡子拉碴会给人一种疲惫颓废、不尊重他人、缺乏严谨认真态度的不良印象。如果因为特殊原因一定要留些胡须,必须要修理成型。

眼睛的眼角要特别注意清洗,不能留有眼睛污物(眼屎)。要注意休息,保证眼睛明亮,以免形成红血丝,影响形象。

要注意耳朵的清洁,不能留有分泌物(耳屎)、耳毛等。

鼻子里不能有异物,鼻毛不能过长露出鼻腔,要注意定期修剪。

要讲究口腔卫生,饭后要刷牙或者漱口,牙齿上不能留有菜叶、饭渣等异物;注意保持口气清新,避免在商务场合与人交谈时散发出难闻的气味,使对方感到不愉快,也令自己感到难堪。工作日早、中餐最好忌食蒜、葱、韭菜等有异味的食物,尽量不喝酒及碳酸饮料,避免口腔有异味及打嗝。如果是因为消化系统等疾病造成的口腔异味,要及时进行治疗,消除异味根源。一旦发现自己有口腔异味,应及时使用漱口水、喷剂或含茶叶等方法消除。

3. 手部

手是仪容的重要部位,有人把手比作人的第二张脸。在各种场合,向他人伸出一双清洁的手是最基本的礼仪要求。在商务场合,一双干净且精心护理过的手,能显示出一个人的良好素养。

手要保持清洁,特别是指甲缝中不能留有污垢;要经常修剪指甲,但不能在公众场所修剪,因为这是失礼的表现。商务人员不能留长指甲,否则握手时会让对方觉得不好下手,通常指甲长度不宜超过指尖,形状一般为椭圆形。

手不仅要清洗干净,在商务场合还要注意保持手部动作规范,不要到处触摸,例如抠鼻子、抹嘴巴、揉眼睛、在脸上抓抓挠挠等,这不仅会有损手部卫生,而且动作有失优雅。

4. 脚部

男士一定要勤洗脚勤换袜,尤其是容易出脚汗的人更要注意,以免脚臭引起他人反感和使自己难堪。因为现在常常会有些意想不到的场合需要脱鞋,比如和客户吃日本料理或者韩国餐时。另外,男士不到万不得已,不要露出腿部,因为男士腿毛比较重,不雅观。

(二)女士的仪容修饰

女士的仪容修饰有些和男士是相同的,例如养成良好的卫生习惯,注意口腔卫生和保持清新的口气等,在此不再赘述,主要讲解和男士不同的要求。

1. 头发

(1)发型

在商务活动中,虽然男士与女士的发型差别很大,但对头发修饰的基本要求是一样的,都要求庄重、简约、典雅、大方;选择发型时必须考虑自己的职业、身份、年龄、性别、脸型、身材、发质等因素。对于女士而言,对发型的选择应更加细致,主要从以下几个方面进行选择。

① 与脸形相协调

人的脸形大致分为四种,每一种都有美中不足的地方。而凭借选择合适的发型,无论什么脸形都能打造出完美的效果。

a. 长脸形

长脸形无论配长直发或者烫发都可以起到很好的效果。长直发可以使人显得理性、智慧,简单的烫发会使人显得甜美、可爱。长脸形在头发的修剪上适合有层次感的修剪方式,如让侧面两颊的头发稍留厚一点,长脸形的缺陷就一扫而光了。也可借助留刘海的方式,从视觉上改善脸形较长的不足,直刘海效果最佳。但注意不能选择头顶蓬松的发型,以免掩盖脸形的优点。

b. 四方脸形

四方脸又被称为"国字脸",这种脸形的特点是头顶显得比较平,而脸颊比较宽,如果用发型配合,最好是选择将头顶拉起的发型,使整个脸部有个纵向的提升效果,但是忌讳分缝;也可通过卷曲或波纹的刘海弱化方角感,转移别人对脸部过于硬朗的棱角的注意。

c. 倒三角脸形

从额前向上背梳的耸起的发型较为适合这种脸形,发梢可长至肩位,使前额看起来更加修长一些。发型的梳理上这种脸形是比较随意的,任何发型都能产生很好的效果。

d. 圆脸形

无论是短发还是长发都可与圆脸形搭配。例如侧刘海蓬松及肩的直发对于圆脸形来说就很适合,两边稍弯曲的头发可以很好地修饰脸形,蓬松的造型又能很好地提升气质;也可以将头发梳理成顺直的短发,两侧的长度以能看得见耳垂为宜,给人一种健康、活泼的印象。

② 与发质相协调

每个人的发质是不一样的,因此,适合的发型也不尽相同。

a. 直硬的头发

由于这种头发很容易修剪得整齐,所以设计发型时最好以简单、大方的修剪技巧为主,避免做复杂的造型或烫碎卷发。如果要烫卷发也最好烫大卷,看起来比较自然。

b. 柔软的头发

柔软的头发比较容易梳理,因此适合多种发型。但是柔软的头发定型效果不十分理想,所以保持短发最适宜。

c. 自然的卷发

自然卷曲的头发可以利用其自然特性梳理出多种漂亮的发型,而如果将这种头发剪短、打薄,则卷曲度就不够明显了,所以长发更能展示其自然的卷曲美。

d. 细少的头发

这种发质通常缺乏质感,也比较适宜留长发,且以束发、盘发为佳,不仅容易梳理,而且能够持久保持发型。

③ 与身材相协调

人的身材有高矮胖瘦之别,发型的选择与身材的搭配也很重要。身材不同的人选择不同发型,会对整体效果产生很大的影响。例如,脖颈短粗的人适合短发,以拉长颈部线条;脖颈细长的人则适合齐肩发或发尾外翻、烫卷的发型;体型瘦高的人适宜留长发或波浪式卷发,可以让自己显得丰盈一些;体型矮胖者一般不宜留长发,也不应将头发做得蓬松丰厚,最好选择短发,露出耳朵,以便利用他人的视觉偏差让自己看上去更高一些。

④ 与年龄相协调

发型是一个人文化修养、社会地位、精神状态的集中反映。一般来说,年龄较大的女性适宜盘发、短发或烫大卷发,给人以成熟、稳重、亲切的印象;而年轻女性则适合选择比较青春、活泼的长发、卷发、碎发、马尾等发型。

(2) 头发修饰中需注意的问题

① 不管选择哪种发型,一般来讲,头发都要求长度后面不过腰,前面不遮眉。

② 如果留短发,要适当长一些,不要太过前卫。

③ 不留怪异发型,不染彩发。

④ 长发人员上岗时要把头发盘起来或束起来,不能一头秀发随意披散。

⑤ 慎重选择发饰,如果需要佩戴发饰,例如发卡、发绳、发箍等,应选择不带任何花饰的蓝、黑、棕等稳重的色彩,色彩鲜艳或带有花卉、卡通等图案的发饰,都不适合在工作时佩戴。

⑥ 若非与制服配套,商务人员在工作时是不适宜戴帽子的,如贝雷帽、发卡帽以及用以装饰的裹头巾等,戴在商务人员头上都是很不协调的。

2. 面容

女士上岗前一般要求化妆,化妆最重要的功能有两个:一是塑造形象,二是体现尊重。

化妆是企业管理完善的一个标志,有助于体现单位的统一性、纪律性,使单位形象更加鲜明、有特色。对个人而言,化妆上岗能表现出一个人的自信和对职业的热爱与重视。恰到好处的化妆会增加女性的魅力,展示良好的精神风貌,塑造良好的形象,也是对交往对象表示礼貌和尊重。

化妆,就是通过运用丰富多样的化妆品,采取合乎规则的步骤和技巧,对面部进行恰到好处地描画和渲染,以强调和突出人所具有的自然美,减弱或掩饰容貌上的欠缺和不足,从而达到修饰容貌的目的。

对商务人员而言,化妆最实际的目的就是有意识、有步骤地美化自己,对自己容貌上的某些缺陷加以弥补,以期扬长避短,提升自己形象。经过化妆之后,人们大多可以拥有良好的自我感觉,身心愉快,精神振奋,缓解来自外界的种种压力,在人际交往中表现得更为自信、自如。化妆要从以下几个方面着手。

(1) 面部的长宽比例

为了使化妆达到美化的效果,首先要了解女性面部的理想比例,以便化妆更有目的性。"三庭五眼"是人的脸长与脸宽的一般标准比例,不符合此比例,就会与理想的脸型产生距离(见图 2-2)。

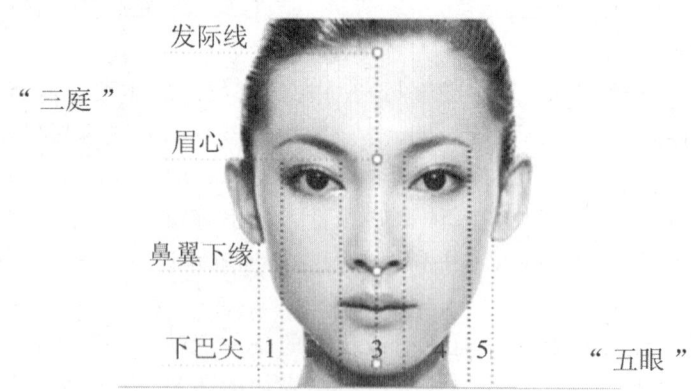

图 2-2 "三庭五眼"示意图

① "三庭"

"三庭"指脸的长度比例,即把脸的长度分为三个等分。首先,我们在面部正中作一条直接通过额头—眉心—鼻尖—下巴的轴线,然后通过眉弓作一条水平线,再通过鼻翼下缘作一条平行线。这样,两条平行线就将面部分成三个部分:

上庭——从上发际线到眉间的距离；

中庭——眉心到鼻翼下缘的距离；

下庭——鼻翼下缘到下巴尖的距离。

上中下恰好各占三分之一，谓之"三庭"。

② "五眼"

五眼指脸的宽度比例，即以眼形长度为单位，沿两条内外眦作垂线，将面部按眼宽水平分为五等份。每一份的宽度与一个眼睛的宽度相等，两眼宽度和左右外眦至耳轮间距相等，这就是"五眼"。

符合"三庭五眼"美学规律的面容是和谐好看的面容。化妆时应对自己容貌上的某些缺陷加以弥补，扬长避短，利用人们的视觉偏差，达到或接近"三庭五眼"的标准。

(2) 化妆的基本要求

化妆种类很多，例如宴会妆、舞会妆、休闲妆、职业妆等，它们在浓淡程度、化妆品选用、化妆技法等方面都存在一定的差异。因此，商务人员应根据不同的场合、目的、要求，选择不同的妆容。在办公场合或商务活动中，女士应该选择职业妆。

商界女士化妆受到职业制约，必须给人一种专业与知性的感觉，所以职业妆要以淡妆为主，目的在于不过分地突出商务人员的性别特征，不过分地引人注目。因其自然、优雅的妆容要求，使得职业妆更要仔细、精致，要达到"妆成却似无"的境界，以给人美好的印象。

(3) 职业妆的基本规则

① 自然

即要以淡雅的妆容给人留下深刻的印象。所谓"清水出芙蓉，天然去雕饰"，力求化妆之后自然而然没有痕迹，给别人造成天生丽质的感觉。因此，要掌握化妆的度，切忌浓妆重彩、五颜六色，要尽可能真实、自然、淡雅、清新，能够经得起与他人近距离的接触。

② 美化

化妆的目的是遮盖自己的缺陷和不足，突出自己最美丽的部分，使自己更加美丽动人。因此，化妆前应对自己的脸型、五官、肤色等特点了如指掌，找出五官中最突出、迷人的部分，如眼睛、眉毛、鼻子、嘴唇等，通过化妆工具和化妆技法的巧妙运用，使五官协调、生动起来。

③ 协调

脸部化妆应注意妆底、眼影、腮红、唇彩等各部分的色彩搭配，同时，还应当与自己的发型、服饰、职业、身份、年龄等条件相协调，塑造完美的整体效果。

(4) 化妆的基本步骤及要点

① 打底

打底可用粉底液或粉底霜。粉底是女性的第二层皮肤，可以使皮肤看起来更细致，肤色更均匀，还能适当调整肤色。

打底时要顺着脸的纹路由内向外、由上往下推开。先从较干燥的两颊开始，然后是嘴、鼻、额、眼睛周围。要注意发际、脖子连接处不要留下清楚的分界线，嘴、眼周围等活动较多的部位要细心涂匀，使粉底与肤色自然融合。

② 蜜粉(粉饼)

用清洁的海绵蘸取蜜粉,稍微用一点力,按压在脸颊、鼻、额头等处,这些部位油脂分泌较旺盛,容易脱妆,要多扑几次。不要忘了脸与颈部的交接处以及露出的颈部也要扑上一层蜜粉。当粉充分附着在肌肤上后,再用粉刷由上往下刷掉多余的粉。

③ 眼影

化职业妆宜用深色的眼影,从外眼角开始上色,往内眼角方向晕开,内眼角处眼影的颜色浅一些,可以呈现出眼部的立体感。越靠近睫毛处颜色越深,渐渐往上淡开,体现一定的层次,给人干净自然的感觉。

④ 眼线

眼线对眼睛较小的女士来说十分重要,因为它可以使眼睛变"大"。画眼线时要沿着睫毛根部从内眼角向外眼角描画,最后在外眼角处稍上扬。画上眼线时,抬高下颚,眼睛往下看;画下眼线时,拉低下颚,眼睛往上看。

⑤ 睫毛

上睫毛膏时,眼睛稍微往下看。刷上睫毛时,横拿睫毛刷;刷下睫毛时,则将睫毛刷直拿,利用其前端刷睫毛。

⑥ 眉形

从鼻翼朝外眼角画一条无形的连线,最适当的眉尾就在这条无形的连线上,而眉峰的位置在眉尾的三分之二处,这两点决定之后,画眉就很容易了。用颜色与头发相近或相同的眉笔或眉粉,将眉毛较稀疏处补上色彩,然后用眉刷将眉毛刷整齐,以呈现出美丽的眉形。眉毛要定期修剪,保持一定的眉形才能做到眉清目秀。

⑦ 腮红

对于脸上缺乏红润光泽的女士来说,刷些腮红可以增加脸部的色彩。粉色系列的腮红比较醒目,让肤色更亮,给人温柔可爱的感觉,更适合肤色白皙的女士;橘色系列的腮红看上去比粉色腮红效果更自然,但不适合肤色较暗的女士;棕色系列的腮红给人以成熟的感觉,能改变面部轮廓,强调立体效果,适用于任何肤色。

腮红还可根据不同的脸形选择不同的刷法,以修饰面部线条,增强脸部的立体感,达到改善脸形的效果。刷腮红时应沿着颧骨向太阳穴方向斜着向上扫。长形腮红可突出职业女性的个性;而圆形腮红只应刷在颧骨前半段,给人青春、可爱、有活力之感。

⑧ 唇彩

修饰唇形前,可选用比肤色稍暗一点的粉底打底,遮盖原有的唇线再描绘唇形。如果不用唇线笔,至少要准备一只唇刷,用唇刷刷上唇彩后,先描绘唇形再涂抹均匀。描绘唇形时,注意嘴角要连接上,上下唇的大小与左右弧度要对称,还要与脸形大小相协调。最后,可加上同色系、不同色彩的口红,增强立体感。口红色彩的选择要与唇形相协调,与脸部其他部位相比,不可太突出。

对于以上化妆步骤,可根据本人的具体情况进行取舍。

(5) 化妆时需注意的问题

① 不得当众化妆或者补妆

化妆是个人的私事,不应在办公室、商务场合及公共场所进行。查看、维护妆容的全部工作都应在"幕后"完成。如果在商务场合因故必须补妆,则应到卫生间或无人处进行。当众拿着镜子、口红等涂涂抹抹是失礼的表现,会令别人反感、难堪,同时也是对自己的不尊重。

另外,一般不要借用别人的化妆品,一方面是不卫生,另一方面也不礼貌,因为化妆品是女性私用的物品。

② 力戒妆面出现残缺

化妆者在办公场合或者商务活动中,应力戒妆面出现残缺,努力维护妆面的完整性。在用餐、休息、饮水、出汗之后,一定要及时补妆。否则,妆面一旦出现残缺,不仅直接有损自身的形象,还会使自己在他人眼中显得做事缺乏条理、懒惰、邋遢、不善自理。所以,商务人员必须努力避免这种情况。

3. 香水

对女士而言,香水是无形的装饰品,恰当地使用香水是仪容礼仪的点睛之处,能够体现女士较高的礼仪素养。商界女士在办公室和商务场合使用香水时,在选择及使用方法上与一般社交场合、晚会等有所区别。

① 香水类型的选择

商务人员上岗时选择香水的首要标准是清新淡雅,例如淡香型、微香型的香水都比较适合;浓香型本身香味过于浓烈厚重,不太适合。平时一般只使用一种香水,否则容易"串味",失去清新淡雅的愉快感觉。

② 香水的使用剂量

商务人员使用香水时要特别注意用量一定要适当,如果身上的香水味在 3 米以外还能闻到,就说明使用量太大了。

③ 香水的使用方法

a. 点法

首先将香水分别喷于左右手腕静脉处,用双手中指及无名指轻触对应手腕静脉处,随后轻触双耳后侧、后颈部,再轻拢头发,并于发尾处稍作停留。注意点香水的过程中所有轻触动作都不应有过度摩擦,否则香料中的有机成分发生化学反应,可能会破坏香水的原味。

如果是用餐的场合,香水点在腰以下是基本礼貌,避免过浓的香水味影响就餐。例如膝盖后面、脚踝处。

b. 喷法

在穿外套前,手持喷雾器距身体 10～20 厘米,倾斜向上喷出雾状香水,在头顶形成一片香雾,随后站立于香雾中几分钟,让香气轻轻洒落在身上,从而散发出怡人的气息。

香水不宜直接擦在脸上及过敏性皮肤上面;不能喷在棉质、丝质衣服上,因为很容易留下痕迹;也不要喷在皮毛上,既损害皮毛,也会改变颜色。身上容易出汗的地方一般不要用香水,例如腋下,否则汗味和香水味一旦混合会产生难闻的气味。

4. 身体

除了注意身体的卫生外,如果夏天太热,女士穿裙子没有穿长筒袜,而腿上汗毛比较浓时，必须要进行修饰；虽然在商务场合或办公室一般着职业装，但当参加商务晚宴、舞会等，必须着无袖或者袖子很短的礼服时，女士就要注意修饰腋下的腋毛。体毛不外露是现代社会的基本礼节。

5. 手部

女士不仅不能留长指甲，也不能做彩甲，但可涂透明或近肤色的指甲油；如果指甲油脱落不完整，或已经长出部分新指甲，要注意及时补涂；指甲要修饰得整齐、优雅。

以上所有仪容修饰都要在上班前打理完毕，不要在公司同事面前"打扫个人卫生"，比如剔牙齿、擤鼻涕、掏鼻孔、挖耳屎、修指甲等。打哈欠、咳嗽或打喷嚏时，应用手帕捂住口鼻，面朝一旁，避开他人进行，否则不仅会影响自己的形象，也是十分失礼的表现。

思考与任务

一、思考

1. 仪容修饰包括哪些方面？应该怎样修饰仪容？
2. 化妆应注意哪些礼节？
3. 简述化妆的基本步骤。
4. 如何避免商务场合口气的异味？

二、任务

1. 每个同学为自己设计一种发型。
2. 每个女生为自己化一次职业妆。
3. 每个同学尝试进行一次自己的仪容修饰。

技能点 2　仪 态 礼 仪

仪态，又称体态，指人的风度和身体姿态，包括站立、行走、坐、蹲、手势、表情等肢体动作，是人体的一种无声语言。达·芬奇曾经说过："从体态知觉人的内心世界，把握人的本来面目，往往具有相当的准确性和可靠性。"故优雅的仪态礼仪往往比语言更让人感到真实、生动。

从中国传统的审美角度来看，人们推崇姿态的美高于天生的容貌之美。美是一种整体的感受，再绝伦的容貌，再标准的身材，如果加上一副萎靡不振的姿态和粗鲁无礼的举止，美就无从谈起。

在人际交往中，优雅的仪态可以体现出一个人的礼仪修养，从而给别人留下美好的印象。商务活动需要达成人与人之间相互了解、相互协调的关系，这就需要商务人员在商务活动中注意自己的仪态。举止得体、风度优雅的形象会受到他人的欣赏和尊重，从而赢得更多的合作和被接受的机会，创造更多的财富。

一、站姿

站姿是人体最基本的姿态,也是其他姿态的起点和基础。良好的站姿能够衬托出商务人员庄重大方、舒展优雅的气质和风度。

(一)标准站姿

标准站姿的基本要领:头正肩平,收颌梗颈;面露微笑,目视前方;挺胸收腹,立腰提臀;双膝并拢,脚跟靠拢。

采取标准站姿,从正面看,主要特点是头正、肩平、身直;从侧面看,是含颌、挺胸、收腹、直腿。头正即两眼平视前方,嘴微闭,收颌梗颈,表情自然,稍带微笑;肩平即两肩平整,微微放松,稍向后下沉;臂垂即两臂自然下垂放于大腿两侧;立腰提臀即腰不能弯,必须是挺直的,同时臀部向内向上收紧;双膝并拢即两腿立直,贴紧;脚跟靠拢即两脚平行靠拢或两脚成 45°～60°夹角。

男士与女士的标准站姿基本相同(见图 2-3),一般适用于隆重的正式场合,如升旗、庆典等。

图 2-3 标准站姿

(二)几种常用站姿

1. 站姿手位和脚位的变化

(1)站立时双手可采用的手位

① 标准式

两手臂自然下垂,置放于身体两侧(见图 2-4)。

② 叉手式

两手交叉,右手握住左手,叠放于腹前(见图 2-5)。

③ 背手式

双手在身后搭在一起,右手心贴着左手手背,贴在两臀中间(见图 2-6)。

④ 单背式

一手置于腹前,另一手背于身后贴着臀部(见图 2-7)。

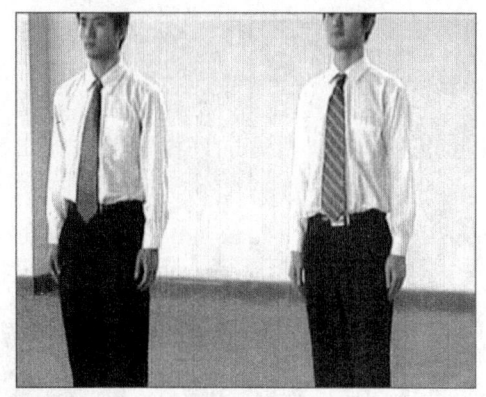

图 2-4 标准式手位

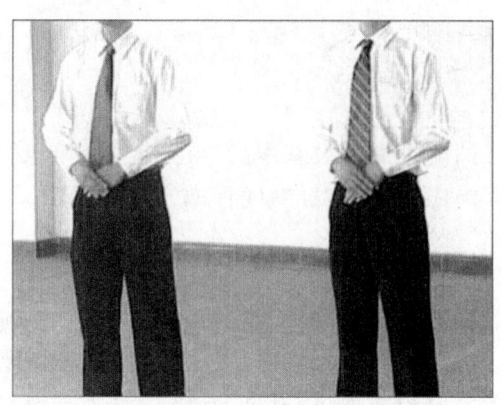

图 2-5 叉手式手位

图 2-6 背手式手位

图 2-7 单背式手位

(2) 站立时双脚可采用的脚位

① V 字型

两脚跟靠拢，双脚成自然的 45°～60°打开；也可两脚分开，之间距离等于或小于肩宽（见图 2-8）。

② 平行型

两脚平行分开，之间距离等于或小于肩宽，一般不超过 20cm。通常为男士采用（见图 2-9）。

③ 丁字型

丁字步有左、右丁字步之分。左丁字步是左脚脚跟紧靠右脚脚弓处，两脚呈丁字形站立；右丁字步两脚位置相反。通常为女士采用（见图 2-10）。

④ 并立型

两脚平行并且靠拢，脚尖对着正前方，脚的前后对齐（见图 2-11）。

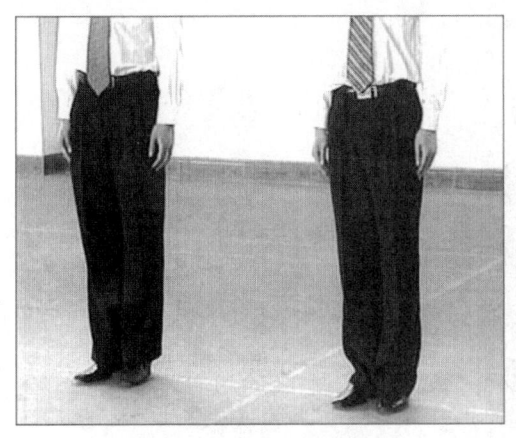

图 2-8　V 字型脚位

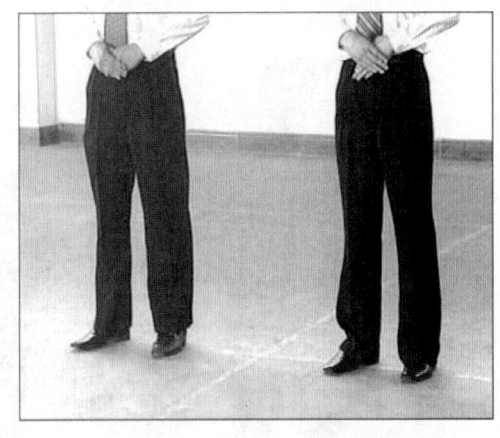

图 2-9　平行型脚位

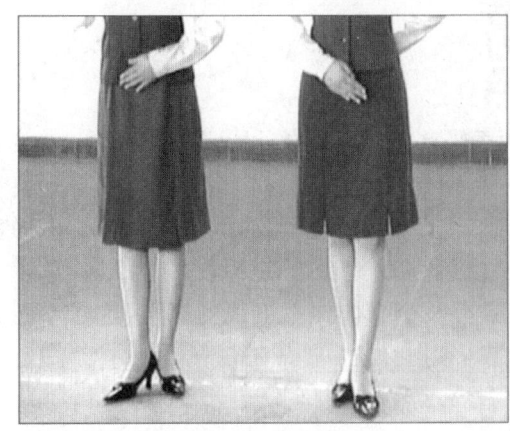

图 2-10　丁字型脚位

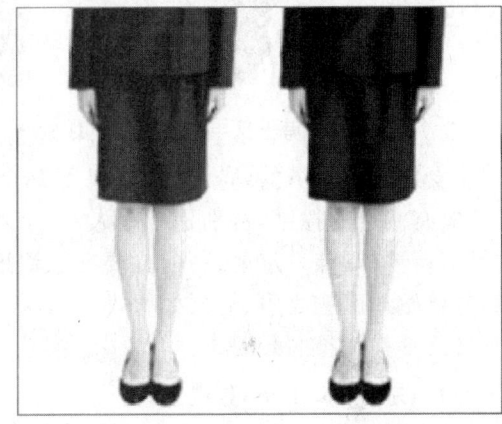

图 2-11　并立型脚位

2. 男士常用站姿

男士的常用站姿是在标准站姿的基础上，变换手位和脚位而形成的。站立时要注意表现出男性刚健、潇洒的风采。

（1）叉手站姿

手位为交叉手式，脚位为平行型或 V 字型（见图 2-12）。

（2）背手站姿

手位为背手式，脚位为平行型或 V 字型，这种站姿优美中略带威严（见图 2-13）；如果脚位改为并立型，则突出了尊重的之意。

（3）背垂手站姿

手位为单背式，脚位为平行型或 V 字型。这种站姿显得大方、自然和洒脱。

3. 女士常用站姿

女士的常用站姿也是在标准站姿的基础上，变换手位和脚位而形成的。女士站姿要注意表现出轻盈和典雅的气质。手位为叉手式，脚位为丁字型，一般为左丁字步。这种站姿端正中略有自由，郑重中略带放松。在站立过程中身体重心还可以在两脚间转换，以减轻疲劳(见图 2-14)。

图 2-12　男士叉手站姿　　　图 2-13　男士背手站姿　　　图 2-14　女士叉手站姿

女性商务人员的站姿应注意以下几个方面：两手交叉叠放于腹前时，手形不要太放松，应有一定的控制，特别是年轻人；丁字步站立时，身体重心放在前面的脚上会使人更加挺拔、精神；双膝一定要站直，且要有意识地靠紧，以确保双腿自上而下全方位并拢；身躯部分要做到挺胸收腹、立腰提臀，同时收颌梗颈，要有整个身体向上挺拔的意识，这样才能使自己具有优雅的站姿。

4. 避免不良站姿

所谓不良站姿，就是指人们不应当出现的站立姿势，要么姿态不雅，要么缺乏敬人之意。如果你放任自流，不加以克服，便会在无意之中使自己的形象受损。需要努力克服的不良站姿通常有以下几种。

(1) 身躯歪斜

古人把优美的站姿比喻为"立如松"，这说明在人们站立之时以身躯正直为美，而不能歪歪斜斜。若是身躯出现明显的歪斜，例如头偏、肩斜、身歪、腿曲，或者膝部不直，不但会看上去东倒西歪，直接破坏人体的线条美，而且还会令人觉得你颓废消沉，萎靡不振。

(2) 弯腰驼背

弯腰驼背其实是人在身躯歪斜时的一种特殊表现。除了腰部弯曲、背部弓起之外，大多还会同时出现颈部弯缩、胸部凹陷、腹部挺出、臀部撅起等一些其他的不良体态。凡此种种，会显得一个人缺乏锻炼，健康不佳，无精打采，对其个人形象的损害很大。

(3) 趴伏倚靠

在商务场合，要确保自己"站有站相"，不能在站立之时自由散漫，随随便便地靠在一个地方，或伏在某处左顾右盼，这些都是不雅的举止。

(4) 双腿大叉

除了基本站姿，采取常用站姿时，双腿可以适当分开，但要注意距离不要超过自己的肩部。女士不管采用何种站姿,双腿都应合拢。

(5) 脚位不当

人字式脚位,也叫内八字脚,指的是站立时两脚脚尖靠在一处,而脚后跟之间却大幅度地分开来。蹬踏式,则是指站立时,一只脚站在地上,而另外一只脚踩在鞋帮上或踏在台阶上等。在工作场合用这两种脚位站立时,都是不堪入目的。

(6) 手位不当

在站立时,手位不当也会破坏站姿的整体效果。站立时不当的手位主要有以下几种:一是将手放在衣服的口袋内;二是将双手抱在胸前;三是将两手放在脑后;四是将双肘支于某处;五是用两手托住下巴;六是将手叉在腰部。

(7) 半坐半立

在工作岗位上,你必须严守自己的岗位规范,该站就站,当坐则坐,绝对不允许在需要站立时而擅自采取半坐半立之姿。当一个人半坐半立时,只会让别人觉得他过于随便,从而使其形象受损。

(8) 浑身乱动

一般来说,站立时是允许略做体位变动的。不过从总体上讲,站立乃是一种相对静止的体态,因此不宜在站立时频繁地变动体位,更不能浑身上下乱动不止。如手臂挥来挥去,身躯扭来扭去,腿脚不停抖动等,都会使一个人的站姿变得十分难看。

二、行姿

行姿也叫走姿,是指人们在行进之时所采取的具体姿态,是一种动态姿势。

行姿以站姿为基础,是站姿的延续动作。优雅、稳健、敏捷的行姿能给人以美的感受,反映出商务人员积极向上的精神状态。

行姿的基本要领:上身挺直,头正目平,收腹立腰,摆臂自然,匀速直行,步伐稳健。

(一) 标准行姿

标准行姿的基本要求如下。

1. 身直肩平

双目平视,上体正直,两肩平稳,挺胸收腹。

2. 步位适当

迈步时,脚尖尽量对着前方,脚尖、脚跟与前进方向尽可能在一条直线上。女士两脚内侧踩同一条线,男士走两条平行线。

3. 步幅适度

原则上,走路时跨步应均匀,两脚间的距离约为一只脚的距离。根据年龄、性别、身高、着装和环境的不同,步幅也可以略有所不同。男士穿西装时要注意身体挺拔,后背平正,步幅可略大;女士穿裙装、高跟鞋时要注意步幅不宜太大,且膝盖不要过弯,两腿要并拢。

4. 速度均匀

人们行进时的具体速度固然可以有所变化，但在某些特定的场合，一般应当保持步伐的相对稳定、均匀，不宜过快过慢，或者忽快忽慢。步伐应稳健、自然、无声、有节奏感。

5. 身体协调

起步之时，身体应向前微倾，脚跟先着地，膝盖在脚部落地时应当伸直，身体的重量要落在前脚掌上。在行进中，应注意使身体重心随着脚步的移动不断地向前过渡，勿让重心停留在后脚上。

6. 手动自然

两臂放松，两手自然弯曲，以肩关节为轴，两手前后自然协调摆动，手臂与身体的夹角一般前为30°，后为15°左右。

7. 男女有别

对男女商务人员而言，行姿有一定的区别。男士要步履雄健有力，展现英武刚健的阳刚之美；女士要步履轻捷优雅，展现温柔矫健的阴柔之美（见图2-15）。

图 2-15　女士标准行姿

（二）变向行姿

变向行姿是指在行走中需要转身改变方向时体现出的规范和优美的步态。

1. 后退步

与人告别时，起身立即扭头就走是不礼貌的。为表示尊重，应面向他人后退2～3步，再转身离开。退时步幅宜小，脚轻擦地面，先转身后转头。

2. 侧行步

当走在前面引导来宾时，要尽量走在客人的左前方，侧身向着来宾，髋部朝着前行的方向，上身稍向右转，左肩稍前，右肩稍后，身体与来宾保持两三步的距离。在路面较窄的走廊和楼道中与人相逢时，也要采用侧身步。

在实际工作中灵活运用不同的步伐，可形成自信、优雅、协调的步态。

（三）避免不良行姿

在行进中应该避免以下现象出现：

1. "外八字"或"内八字"迈步。
2. 弯腰驼背，身体乱晃乱摆，头部前伸。
3. 步子太大、太小，或者忽快忽慢。
4. 左顾右盼，踏步声音过大。
5. 双手背在身后，东张西望。
6. 脚后跟拖着地行进。

三、坐姿

坐姿是指人们就座时和坐定之后的一系列动作和姿势。在商务人员的日常工作中,学习、会客、会议等都需要坐着进行。端庄优美的坐姿会给人以优雅、稳重、自然、大方的美感。

(一)标准坐姿

适用于非常正规的场合。标准坐姿的基本要求如下。

1. 入座要轻而稳

从椅子左侧向右横跨一步,右脚向后移半步,使腿轻触椅子,再轻而稳地坐在椅子二分之一至三分之二处,女士要同时抚平身后裙子。

2. 调整坐姿到位

坐下后,立即调整自己的坐姿。做到头正目平,微微挺胸收腹,双肩平整放松,两臂自然弯曲。女士双手手指并拢,拇指交叉叠放在腿上;男士双手可分放于两条腿上。上身与大腿、大腿与小腿成两个自然的90°。小腿垂直于地面,双腿并拢,双脚并列或呈 V 字步(见图 2-16)。对坐时,身体稍向前倾,以表示对对方的尊重。

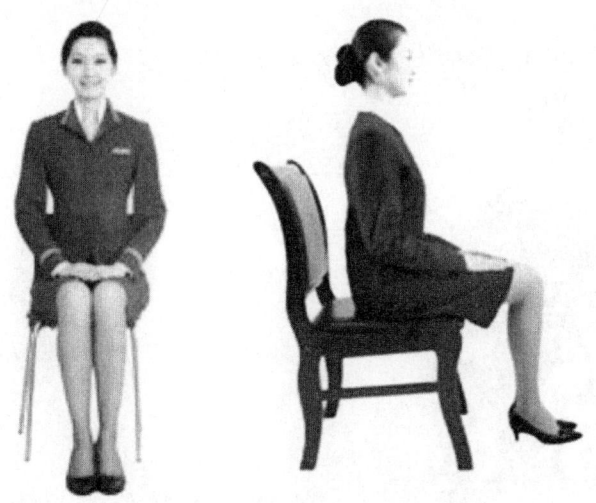

图 2-16　标准坐姿

3. 注意尊卑

就座时出于礼貌,与他人同时入座时,要分清尊卑,主动把上座相让与人,且请对方先坐;如果附近坐着熟人,应该主动跟对方打招呼,即使不认识,也应该先点头示意。离座时也要注意先后顺序,并对在座者以语言或动作示意。

4. 轻缓离座

离座时右脚向后收半步,轻缓起立,尽可能从左侧离开。

(二) 女士常用坐姿

在标准坐姿的基础上，变换腿、脚的位置而形成的女士常用的坐姿有以下几种。

1. 双腿斜放式

双腿并拢，两小腿向左侧斜放，左脚靠近右脚内侧，左脚脚掌内侧着地，右脚脚跟提起，注意大腿与小腿要成90°，将膝盖偏向谈话对方，双手手指并拢，拇指交叉放在大腿稍靠身体处。此坐姿也可向右边斜放(见图2-17)。

2. 双腿叠放式

将一条腿叠放于另一条腿上，交叠后两腿间没有缝隙，双脚可直放也可斜放于左侧或右侧。上面的小腿尽量往里收，脚尖下压。双手手指并拢，拇指交叉叠放在上面的大腿上(见图2-18)。

3. 双脚交叉式

双腿并拢，双脚在踝部交叉，两脚跟可略抬起，双手手指并拢，拇指交叉放在大腿稍靠身体处(见图2-19)。

4. 双腿屈直式

两腿并拢，向前伸出一条小腿，并将另一条腿回屈，两脚掌着地，两脚前后保持在一条直线上(见图2-20)。

以上四种是女士应用较多的坐姿，另外还有其他坐姿。

图2-17　双腿斜放式坐姿　　图2-18　双腿叠放式坐姿

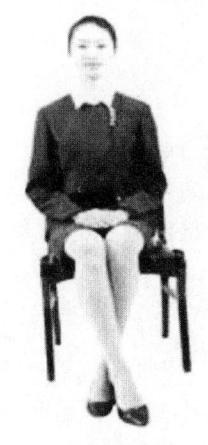 

图 2-19　双脚交叉式坐姿　　　　图 2-20　双腿屈直式坐姿

(三) 男士常用坐姿

在标准坐姿的基础上,变换腿、脚的位置而形成的男士常用的坐姿有以下几种。

1. 垂腿开膝式

双腿可略分开,但不能超过肩宽;小腿垂直于地面,双手放在两腿上或椅子的扶手上。

2. 前交叉式

双腿并拢(或略分开),小腿稍向前伸,双脚在踝部交叉。双手放在椅子扶手上或腿上。该坐姿也可侧身。例如双脚在踝部交叉向左斜出,上身向右倾斜,右肘放在扶手上,左手放在右手上。

3. 双腿屈直式

两膝并拢,左小腿回屈,前脚掌着地,右脚前伸。

4. 双腿重叠式

右腿重叠于左腿上,左小腿垂直于地面;右小腿内收,贴向左腿,脚尖稍向下;双手可放椅子扶手上或交叉放在两腿间。

以上四种是男士应用较多的坐姿,另外还有其他坐姿。

(四) 坐姿禁忌

1. 女士不论采用何种坐姿,切忌两膝分开。
2. 不能双膝紧靠,而两脚分别向外侧斜放形成人字形。
3. 不能将手夹在大腿之间。
4. 切忌上体不直,左右摇晃。
5. 双脚不能藏在椅子下或勾住椅凳腿。
6. 不可 4 字形架腿或腿脚不停抖动。
7. 拖、拉座椅响声不宜过大。
8. 注意不要起坐过猛,引起座椅响动。

四、蹲姿

蹲姿是由站姿转变为两腿弯曲和身体高度下降的姿势,是一种只在比较特殊的情况下采用的暂时性体态。在没有必要时蹲着是不雅观和失礼的,但当必须蹲下时,如果不注意,很容易出现弯腰翘臀的不雅姿势。因此,优雅的蹲姿也是塑造良好形象所必备的。

(一) 几种常见蹲姿

1. 高低式蹲姿

下蹲时,左脚在前,右脚稍后(也可右脚前左脚后)。左小腿基本上垂直于地面,全脚着地;右脚前掌着地,脚跟提起。右膝低于左膝,右膝内侧可靠于左小腿的内侧,形成左膝高右膝低的姿态,同时臀部向下,基本用右腿支撑身体(见图2-21)。男士在选用这一方式时,两腿之间可有适当距离。

图 2-21　高低式蹲姿　　图 2-22　交叉式蹲姿

2. 交叉式蹲姿

下蹲时,左脚在前,右脚在后,左小腿垂直于地面,左脚全脚着地,左腿在上,右腿在下,二者交叉重叠;右膝由后下方伸向左侧,右脚跟抬起,并且前脚掌着地;两脚前后靠近,合力支撑身体;上身略向前倾,臀部朝下(见图2-22)。交叉式蹲姿通常适用于女性。

3. 半跪式蹲姿

半跪式蹲姿又叫单跪式蹲姿,是一种非正式蹲姿,多用在下蹲时间较长或为了用力方便时。下蹲后,改为一腿单膝点地,臀部坐在脚跟上,以脚尖着地;另外一条腿应当全脚着地,小腿垂直于地面。双腿应尽力靠拢。

4. 半蹲式蹲姿

半蹲式蹲姿多为人们在行进中临时采用。这种蹲姿的要求是在下蹲时,两腿呈一前一后姿态,但不重叠,上身稍微下弯,臀部向下,双膝微微弯曲,根据需要角度可大可小,但一般应为钝角,身体的重心应当放在一条腿上。两腿之间距离不要太大。

（二）蹲姿注意事项

1. 不低头，不弓背，否则易形成翘臀姿势。
2. 注意方位不要失当。在他人身边下蹲时，最好是和他人侧身相向。正对他人或者背对他人下蹲，通常都是不礼貌的。若用右手捡东西，可以在物品的左边下蹲。
3. 夏天下蹲时注意胸部的遮掩。
4. 不要离人太近。在下蹲时，应和身边的人保持一定距离。和他人同时下蹲时，更不能忽略双方的距离，以防彼此"迎头相撞"或发生其他误会。
5. 不能两腿展开平衡下蹲，姿态不雅。

五、手姿

手姿，又叫手势。由于手是人体最灵活的一个部分，所以手姿是体态语言中最丰富、最具有表现力的传播媒介。手姿做得得体适度，会在交际中起到锦上添花的作用，增强感情的表达，给人一种优雅、彬彬有礼的感觉。

在商务交往中，经常需要使用不同的手势传递信息，正确、恰当地掌握和运用各种手势，可以增强信息和感情的表达，提高工作效率。

（一）几种常用手势

在引路、指示方向时，应注意手指自然并拢，掌心向上，以肘关节为支点，指示目标，切忌伸出食指来指点。

1. 横摆式

手指并拢伸直，一只手臂向一旁摆出至身体侧前方，手臂弯曲约140°，掌心向上，手掌平面与地面成45°，高度在胸以下，身体和头部微微向手臂方倾斜；另一只手自然下垂或贴于腹前或背在身后，两脚稍并拢，可成V字步或丁字步，同时面带微笑，表现出对宾客的尊重、欢迎，并加上礼貌用语，如"请"、"请进"等（见图2-23）。这种手势也可用来指引较近的方向。

图 2-23 横摆式

图 2-24 直臂式

2. 直臂式

手指并拢伸直,手臂向一旁摆出,高度基本与肩同高,肘关节基本伸直,指尖指向指示的方向,掌心向上,上身微微前倾。眼睛看着手指引的方向,再把视线转向宾客,同时加上礼貌用语,如"请一直往前走"、"先生,请上二楼"等(见图2-24)。这种手势一般用来指引较远方向。

3. 斜摆式

请客人落座时,手势应摆向座位的地方,使大小臂成一斜线(见图2-25)。

图 2-25　斜摆式　　　　图 2-26　曲臂式

4. 曲臂式

手指伸直并拢,由体侧向体前摆动,掌心向上,手臂弯曲,手臂高度在胸以下,距身体约20厘米(见图2-26)。当在用手势指引或邀请宾客的同时需推扶房门、电梯等时,即可用该手势。

在需要运用斜摆式手势时,如果手上拿有物品,也可用该手势,但应注意手臂要伸直向下。

5. 双臂侧摆式及双臂横摆式

在来宾较多的场合,例如在庆典活动中需向众多来宾表示"请"时,可采用双臂侧摆式(见图2-27)或双臂横摆式(见图2-28)的手势。

图 2-27 双臂侧摆式

图 2-28 双臂横摆式

(二) 商务交往中应避免的手势

在商务场合,使用手势要适当、规范,手势过多、幅度过大都有失优雅,会影响自己的形象,所以要避免以下手势。

1. 不要反复摆弄手指、把玩饰物或抬腕看表等,会给人一种无聊或不耐烦的感觉。

2. 与人交谈时应避免当众搔头皮、掏耳朵、抠鼻子、揉衣角、擦眼屎、剔牙齿等动作,会给人以不卫生、缺乏教养的印象。

3. 表示自己时,不要用手指指自己的鼻尖,更不要用拇指指自己。应将手掌按在胸口上,以示斯文礼貌。

4. 不要双手抱头或交叉在胸前,会给人一种目中无人的感觉。

5. 手插口袋会让人觉得你态度散漫,工作上不尽力、偷懒。

6. 用手指指点别人含有教训人的意味,必须避免。

(三) 几种手姿的含义

1. 拇指和食指合成一个圈

拇指和食指合成一个圈,其余三个指头伸直或略屈的 OK 手势(见图 2-29),在美国、英国表示"赞同"、"了不起"的意思,在法国表示零或没有,在泰国表示没问题、请便,在日本、缅甸、韩国表示金钱,在印度表示正确、不错,在突尼斯表示"傻瓜"的意思。

2. 食指和中指上伸成 V 字形

食指和中指伸出成 V 形,拇指弯曲压于无名指和小指上(见图 2-30)。这个动作在世界上大多数地方表示数字二;还可用于表示胜利,不过在表示胜利时,手掌一定要向外,如果手掌向内,就是贬低人、侮辱人的意思了。在希腊,做这一手势时,即使手心向外,如果手臂伸直,也有对人不恭之嫌。

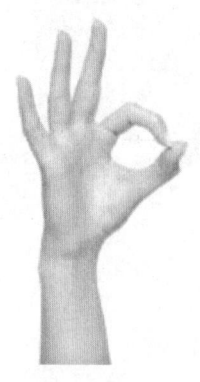  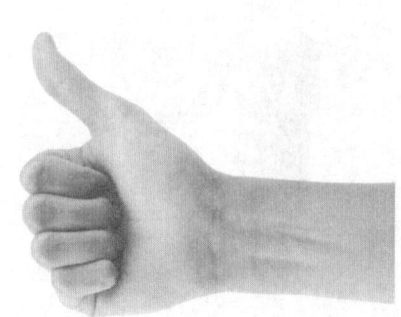

图 2-29　OK 手势　　图 2-30　V 形手势　　　图 2-31　大拇指手势

3. 右手或左手握拳并伸出大拇指

伸出大拇指这种手势（见图 2-31），在我国表示"好"、"了不起"等赞赏、夸奖之意；在意大利，伸拇指表示一；在希腊，拇指上伸表示"够了"，拇指下伸表示"厌恶"、"坏蛋"；在美国、英国和澳大利亚等国，拇指上伸表示"好"、"行"、"不错"，拇指左、右伸则大多是向司机示意搭车方向。

手势具有抽象、形象、情意、指示等多种表达功能。商务人员在商务交往中，特别是在与外商的交往中，应根据不同对象适度使用。必须通过对方的手势准确判读出他所传达的各种真实的、本质的信息。

六、表情

表情是指人的面部情感，是人们心理活动的外在表现，商务人员在表情方面应具备较强的自我约束力和控制力。

心理学家认为，情感的表达是人们保持正常交往的纽带，它主要是通过言语、声音、表情来完成的。而表情在人与人的交往与沟通中占有相当重要的地位。

在人们千变万化的神态中，眼神和笑容是面部表情的核心构成部分，最具有礼仪功能和表现力，恰当地运用眼神和笑容会给对方留下美好的印象，因此这是商务人员必须要掌握的技能。

（一）微笑

微笑是指用不出声的笑容来传递信息的表情语言。它是人际交往的魔力开关，是人类最甜美动人的表情。良好的第一印象来源于人的仪表谈吐，其中很重要的一点就是人的表情。微笑会使人显得亲切友善，易于沟通。在商务活动中，微笑被称为"世界通用货币"，是商务人员的常规表情。时常保持得体、友好的微笑，是对商务人员面部表情的基本要求。

1. 商务人员的微笑

商务人员在工作中应保持的表情是略带笑容，不显著、不出声。热情、亲切、和蔼的微笑是内心喜悦的自然流露,而非傻笑、奸笑、大笑、狂笑等。

根据人际关系学家的观点,笑可以分为三种:第一种是哈哈大笑,哈哈大笑时嘴巴张得较大,上牙和下牙均露出,并发出"哈哈"之声;第二种是轻笑,轻笑时嘴巴略微张开,一般下牙不露出,同时发出轻微的声音;第三种是微笑,微笑时嘴巴不张开,也不发出声音,仅仅是脸部肌肉的美丽运动,这也是微笑的具体要求。

正确的笑容应真诚、适度、合乎时宜,具体要求如下。

(1) 真诚

笑容应发自内心,做到表里如一,显示出亲切友好。

(2) 适度

虽然微笑是在人际交往中最具吸引力、最有价值的面部表情,但并不能随心所欲、不加节制地笑。

(3) 合乎时宜

笑容应注意区分场合与对象,当别人正遭受重大打击或参加一些庄重、肃穆的场合时,都不宜笑。

2. "三度"微笑及其运用

微笑具有一定的艺术性和技巧性,商务人员除了养成科学的微笑表达习惯、具备良好的心情之外,还应该掌握并熟练地运用各种微笑技巧。

(1) "一度"微笑

"一度"微笑是非常含蓄、细微、温和的一种笑容,虽然不易察觉但是能够感受得到,就像春天里的太阳让人感觉身心舒畅。基本动作要领是:面部表情放松,嘴角略微上扬,整个脸部只牵动嘴角肌,其他部位不发生变化。这种浅浅的微笑一般适合于跟客人初次见面,开始交谈前采用。

(2) "二度"微笑

"二度"微笑比"一度"微笑的幅度稍微大一些,特点是眼睛带笑,嘴巴含笑。基本动作要领是:嘴角轻轻上扬,此时,嘴角肌和颧骨肌同时运动。这种微笑适用于交谈愉快地进行当中,是一种会心的微笑。

(3) "三度"微笑

"三度"微笑是当今很多服务行业对工作人员的规范要求,这种笑容就像夏天似火的骄阳,分外的热情灿烂。基本动作要领是:咧开嘴巴露齿微笑,以露出六至八颗牙齿为宜,此时,脸部嘴角肌、颧骨肌与其他笑肌同时运动。这种微笑适用于迎送宾客。

3. 微笑的"三结合"

(1) 微笑与眼睛结合

在微笑时,要学会用眼睛去"笑",笑意通过眼睛表达出来才会更传神、更亲切。眼睛会说话,也会笑,如果一个人内心充满善良和友爱,那么他眼睛的笑容一定也非常有感染力。

(2) 微笑与语言结合

微笑和问候语、敬语结合起来使用,会让对方感到你的话语是发自内心的。

（3）微笑与形体结合

微笑和点头、握手、鞠躬等礼节结合起来使用，会加重肢体语言中的感情色彩。

（二）目光

眼睛被人们称为心灵的窗户，因为人的心灵深处的奥秘都会不自觉地从眼神中流露出来，其表现力极为丰富、微妙。印度诗人泰戈尔说："一旦学会了眼睛的语言，表情的变化将是无穷无尽的。"这说明眼睛语言的表现力是极强的，是其他举止无法比拟的。一双炯炯有神的眼睛，会给人以感情充沛、生机勃发的感觉；而目光呆滞麻木，则会使人产生疲惫、厌倦的感觉。

在商务场合的各项工作接触中，目光的交流总是处于最重要的地位。信息的交流要以目光的交流为起点。在交流过程中，交谈双方要不断地用目光表达自己的意愿和情感，还要适当观察对方的目光，探测"虚实"。交流结束时，也要用目光作一个圆满的结尾。因此，在各种商务场合、人际交往中，要把握好自己的内心感情，这样目光才能很好地发挥作用。

1．见面时的目光运用

无论是对初次见面者还是非常熟悉的人，也不论是偶然遇见还是事先约好，与人见面时，首先要精神抖擞，眼睛大睁，以闪烁光芒的目光正视对方片刻，面带微笑，显示出喜悦的心情和热情的态度。对初次见面的人还应微微点下头，行注目礼，以示尊敬和礼貌。

2．交谈时的目光运用

在交谈时，商务人员应当不断地通过目光与对方交流，调节交谈的气氛。

在交谈中，应始终保持与对方目光的接触，这表示你对该话题很感兴趣；长时间回避对方目光而左顾右盼，是不感兴趣的表示。但应当注意，交流中的注视，绝不是收缩瞳孔的焦距，紧紧地盯住对方的眼睛，这种逼视的目光是失礼的，也会使对方感到尴尬。

正确的目光应当是自始至终都在注视，但并非紧盯。瞳孔的焦距要呈散射状态，用目光笼罩对方的面部，同时应当辅以真挚、热忱的面部表情。

在交谈中，还要随着话题和内容的变换，及时做出恰当的反应，或喜或惊，或微笑或沉思，及时用目光流露出理解和认同对方观点等意思，以使整个交谈过程融洽、和谐。例如，当询问对方身体及家人近况时，应用关切的目光；征询对方意见时，应用期待的目光；在对方表示了支持、合作的意向时，应用喜悦的目光；在得知对方带来的意外好消息时，应用惊喜的目光；对对方谈话内容感兴趣时，应用关注的目光；中间插话、转移话题或提问时，应用歉意的目光。

3．道别时的目光运用

交谈或会见结束时，目光要抬起，表示谈话的结束。

道别时，仍用目光注视着对方，面部表现出惜别的深情。目送对方离开时，要待对方走出几米之外或者离开自己的视线范围后，再收回送别的目光，转身离开。

4．目光注视的范围

人与人的目光接触时，双方目光注视的部位、角度和时间，可以体现出双方的关系。

一般的目光接触大致有以下三种情况。

（1）公务凝视

这是人们在洽谈业务、磋商交易和贸易谈判时所使用的一种凝视。这种凝视是看着对方面部的上三角区，即两眼和额头中间的部位。在商务活动中，如果你看着对方的这个区域，就会显得严肃认真，对方也会觉得你有诚意；在交谈时，如果你的目光总是落在这个凝视区，你就可以把握谈话的主动权和控制权。

（2）社交凝视

这是人们在社交场所使用的一种凝视。这种凝视是看着对方面部的中三角区，即两眼到嘴唇之间的部位。在谈话时，如果你注视着对方的这个部位，就会给人一种平等而轻松的感觉，从而营造出舒适、友好的社交气氛。如在一些茶话会、舞会和各种友谊聚会的场合中，就适合采用这种凝视。

（3）亲密凝视

这是亲人或恋人之间使用的一种凝视。这种凝视就是看着对方的双眼和胸部之间的部位，也称为下三角区。这种凝视往往带有亲昵和爱恋的感情色彩，一般在关系亲密的人之间使用。

思考与任务

一、思考

1. 标准站姿的要领是什么？
2. 怎样入座？怎样离座？
3. 常用的坐姿有哪些？
4. 高低式蹲姿的要领是什么？

二、任务

1. 以两人为一小组，完成站姿、行姿、坐姿和蹲姿等姿态的塑造，并进行相互评价。
2. 为了商谈某一技术合作项目，甲公司的谢苗总经理和陈宏工程师今日上午（事先预约）前来乙公司拜访，乙公司公关部经理张娜小姐在公司门口恭候，引导谢总经理和陈工程师进公司会客厅入座。请小组分配角色，模拟各人的表情、站姿、行姿、坐姿、指引方向的手势及入座离座等仪态。

子项目2　服饰礼仪

子项目2 情景：同学们，你们将要成为商务人员了，请为自己选择适合商务人员穿着的职业服饰。

服饰是个人形体的外延,包括衣、裤、裙、帽、袜、鞋、手套及各种配饰。服饰不仅起着遮体御寒、美化人体的作用,而且能反映出一个人的文化修养和审美观点。莎士比亚曾经说过:"一个人的穿着打扮就是其个人教养以及个人品位的最形象的体现。"

商务人士平时所付出的全部努力,都可以归纳为一句话,就是要想方设法在人际交往中为自己塑造完美的形象,并且尽心竭力地维护个人的形象。而每个人在商务活动中的着装,不仅能反映其个人的修养、品性和社会地位,还可以反映出一个企业和集体的精神风貌、企业文化。因此,作为商务人员,必须要了解一系列的着装惯例,遵循长期以来形成的商务着装礼仪。

一、服装的分类

要很好地了解和掌握商务礼仪中的着装礼仪,首先要了解服装的分类。从大的方面,服装可以简单分为四类。

(一)礼服

礼服是在庆典或者非常隆重的特定礼仪场合穿着的具有修饰效果的服装。

1. 在商务活动中使用较广泛的男性礼服主要是西服,另外具有装饰性质的民族服装也可以作为礼服,例如中山装就可以作为中国人的礼服。

2. 在商务活动中女性的礼服一般以裙装为主,裙摆可长及脚面或稍短一些,衣领开口可以适当加大,还可以戴长袖手套、帽子和佩戴各式饰品。在适当的场合下,旗袍也可作为礼服。

3. 一般而言,男士礼服要配皮鞋,女士礼服要配高跟皮鞋。

(二)正装

正装指平时工作时或正式活动中所穿的服装。有些行业中的统一制服也可以归在此类。

1. 现代商务活动中,男性的正装主要是西服套装、中山装、制服等,其中西服是最主要的正装。

2. 现代商务活动中,女士的正装以西服裙装及职业套裙为主,根据不同职业也可以选择制服或旗袍等民族服装。

(三)运动装

顾名思义就是在运动时穿着的服装。根据不同的运动项目,运动装的质地和款式也各不相同,其最大的特点就是适应运动的需要。

(四)便装

又可称为休闲装,一般是指在工作及运动时间以外穿着的衣服。休闲装款式多样,色彩丰富,以穿着舒适、美观、实用和反映个性为主要标志。

二、商务人员着装的 TOP 原则

商务人员着装应符合"TOP"原则。"TOP"实际上是三个英语单词的缩写,它们分别代表时间(Time)、场合(Occasion)和地点(Place),即着装应该与当时的时间、所处的场合和所在的地点相协调。

1. 时间原则

时间原则是指商务人员在不同的时间里应穿着适宜的服装。所谓不同的时间,在这里有三个层次:一是指一日之内的早、中、晚不同时间;二是指一年之内春、夏、秋、冬不同季节;三是指人生的青年、中年、壮年、老年等不同的年龄阶段。

一日中,早间在家中或者晨练时,着装应以方便、随意为主,例如可以分别选择家居服和运动服,穿着体验舒适自然;日间在办公室或商务场合,都应穿着正装,以端庄、典雅、大方为原则,男士可穿西服,女士可穿西服套裙或职业套裙;晚间可能有宴请、舞会、音乐会等正式社交活动,着装要更讲究一些,特别是请柬要求穿正式服装时,着装以晚礼服为宜,以体现高雅、大方的形象。

一年中四季的变化是大自然的规律,人们在着装时应遵循这一规律,做到冬暖夏凉、春秋适宜。夏季应以轻柔、凉爽、简洁为着装格调,服饰色彩与款式的选择要充分考虑他人视觉与心理上的感受,同时也使自己感觉轻快凉爽;冬季则以保暖、轻便为着装原则,既要避免着装过厚而显得臃肿,也要避免为了形体美而着装太薄,影响身体健康;春秋两季着装的自由度相对大一些,但总体上应以轻巧灵便、薄厚适宜为着装原则。

人的一生中,在不同的年纪着装风格应各有不同,例如年轻人的着装应以活泼、朝气为特点,年龄比较大的人则应突出庄重、沉稳的气质。

2. 场合原则

场合原则是指人的衣着要与特定的场合及气氛相协调,要注意选择与之相适应的服饰造型与色彩,实现人景相融的最佳效应。

场合原则是人们约定俗成的惯例,具有深厚的社会基础和深远的人文意义。服饰所蕴含的信息内容必须与特定场合的气氛相吻合,否则容易引起人们的疑惑、猜忌、厌恶和反感,导致彼此交往空间和心理距离的拉大。因此,在商务交往中的着装应当遵循惯例,商务人员应学会区分不同的商务场合。例如参加正式会谈时衣着应庄重考究,听音乐会或看高雅演出时最好着晚礼服,到景区游览时着装应轻便舒适。

3. 地点原则

地点原则是指商务人员的穿着打扮在不同的情况下应当有所不同。要在特定的环境下搭配与之相适应、相协调的服饰,以获得视觉与心理上的和谐感。例如职业女性在办公室着装的基本要点是端庄、简洁而优雅。我们不敢想象如果高级白领穿着短裤、露脐装看文件,或穿着沙滩装与客户谈合同,将会是一种什么样的景象;也不敢想象穿着西服套裙参加舞会又会是一种什么样的景象。

三、商务着装礼仪

一般正式场合中最常见的服装就是西服了。在正式的商务活动中,男士是必须着西服、衬衣,并打领带的。因此,要正确选择和穿着西服,就必须了解衬衫、领带、皮带、鞋袜、公文包之间组合搭配的基本常识。

(一)男士西装礼仪

在现代商务活动中,不管是出席具有庆典性质的活动,还是在办公室里日常办公,西服套装都是男士最佳的着装选择。

1. 正装西服的选择

(1) 西装的分类及选择

按西装的件数可分为单件上装、两件套西装和三件套西装。

① 单件上装

单件西装只是一件西服上装,一般适合在非正式场合穿着,配以其他色调和面料的裤子,例如牛仔裤。作为非正式装,单件上装用明袋居多,但是也可以用暗袋(明袋更休闲);有袋盖可以,无袋盖也行(有袋盖代表倾向于户外穿着);不愿走暗线,明线跑边都可以。

② 两件套西装

两件套西装是上衣和裤子同面料、同颜色的成套西装,也是我们俗称的正装。作为正装,两件套西装的胸袋和兜袋都必须用暗袋,不能用明袋。

③ 三件套西装

三件套西装是由两件套西装外加一个同面料、同颜色的西服马甲组成的。西服马甲平时可以不穿,在天气寒冷时再加穿,可以起到一定的御寒作用,同时也有一定的装饰效果。一般情况下,西服马甲最好与单排扣西服上衣配套。

商界男士在正式的商务场合所穿的西装,必须是西服套装,尤其在参与高层次的商务活动时,以穿三件套的西服套装为佳。

按西装的纽扣可分为单排扣西装和双排扣西装。

① 单排扣西装

单排扣的西装上衣,最常见的有一粒纽扣、两粒纽扣、三粒纽扣等。一粒纽扣、三粒纽扣的单排扣西装上衣穿起来较时髦,而两粒纽扣的单排扣西装上衣则显得更为正规一些。男士常穿的单排扣西服款式以两粒扣、平驳领、高驳头、圆角下摆款为主。

② 双排扣西装

双排扣的西装上衣,最常见的有两粒纽扣、四粒纽扣、六粒纽扣等。两粒纽扣、六粒纽扣的双排扣西装上衣属于流行的款式,而四粒纽扣的双排扣西装上衣则明显具有传统风格。

西服后片开衩可分为单开衩、双开衩和不开衩,单排扣西服可以选择三者其一,而双排扣西服则只能选择双开衩或不开衩。

单排扣两粒和双排扣四粒的西装最为正规,较多用于隆重、正式的场合。

按适用场合不同可分为正装西服和休闲西服。

① 正装西服

即西服套装,商界男士在正式的商务场合应该穿这种西装。广义的正装西服包含了套装和礼服。通常所说的商务西装就是指正装西装,即套装。现在男士在正规场合一般以着单排两粒扣西服为准。

② 休闲西服

休闲西服是在非正式场合所穿的西服。休闲西服与正装西服相比,颜色、款式较为多样化,面料上也比较随意,一般会采用一些天然纤维(棉、麻、毛、皮等)材料。单件西服即休闲西服,前面介绍了其特点,例如口袋与正装西服的口袋大相径庭。

(2) 款型的选择

目前,世界上的西装主要有欧式、英式、美式、日式四种主要款型。

① 欧式西装

欧式西装的主要特征是:上衣呈倒梯形,多为双排两粒扣式或双排六粒扣式,而且纽扣的位置较低。它的衣领较宽,强调肩部与后摆,不十分重视腰部,垫肩与袖窿较高,腰身中等,后摆无开衩。

② 英式西装

英式西装的主要特征是:不刻意强调肩宽,而讲究穿在身上自然、贴身的效果。它多为单排扣式,衣领是 V 字形,且比较窄,腰部略收,垫肩较薄,后摆两侧开衩。

③ 美式西装

美式西装的主要特征是:外观上方方正正,宽松舒适,较欧式西装稍短一些。肩部不加衬垫,其衣领为宽度适中的 V 字形,腰部宽大,后摆中间开衩,多为单排扣式。

④ 日式西装

日式西装的主要特征是:上衣的外观呈 H 字形,不过分强调肩部与腰部。垫肩不高,领子较短、较窄,不过分收腰,后摆中心不开衩,多为单排扣式。

上述四种造型的西装各有特色,欧式西装洒脱大气,英式西装剪裁得体,美式西装宽大飘逸,日式西装贴身庄重。一般来说,欧式西装要求穿着者身材高大魁梧,美式西装穿起来稍显散漫,这两种西装中国人在选择时宜慎重。比较而言,英式西装与日式西装相对更适合中国人穿着。

(3) 面料的选择

正装西服的面料一般用精纺毛料居多。纯毛面料大多质地较薄,手感柔软,挺括有垂感,光泽自然柔和;缺点是不耐磨损,易虫蛀和发霉。

面料的含毛量决定了面料的档次,常见的羊毛含量大约有 30%、50%、70%、90% 及以上。含毛量越高,价钱越贵。

粗纺毛料风格粗犷,表面有一层薄薄的绒毛,用这种面料做裤子,垂坠性不好,所以一般用于休闲西服比较多。

(4) 颜色的选择

商务西装应该庄重、正统,颜色以单色和深色为宜,上衣和裤子应是同一个颜色,整个面料是单一的纯色、深色;而休闲西装可以是多色、条纹、格子等。

作为年轻的商务人员,正装西服的颜色应首选深(藏)蓝色,一般公司员工穿这种颜色的也比较多,可以说藏蓝色西服是商界男士必备的服装,实用性较高。如果购买第二套西服,可选灰色,一般中年及身份较高者喜欢穿深灰色,显得稳重、成熟、温文尔雅。黑色西装主要用于一些礼服场合,因为穿上黑色一般会给人比较严肃而隆重的感觉,且黑色在夜间灯光下发色比较好。虽然黑色套装更适合晚间,但也并不代表不适合日常。

(5) 图案的选择

前已述及商务西装应该庄重、正统,其颜色的特点是单色,虽然也有商务男士穿着格纹的套装西服,但是正装的格纹是最难把握的,特别是明显的格纹,一不小心就会显得轻浮或过于休闲随意。作为年轻员工,不建议选择格纹及其他图案的正装西服。

2. 正装西服的穿着规范

(1) 西装的纽扣

① 单排扣西装

按照规范,在商务场合穿着西装,站立时上衣纽扣应该系上,坐下时才可以解开。但是应该系扣的时候,并非每一粒都要系好。穿着单排扣西装时,根据纽扣数量的不同,有一定的系扣方法:1粒纽扣的,系与不系均可,但在非常正式的场合最好系好;2粒纽扣的,应系好上面的一粒,下面的一粒为样扣,不用系;3粒纽扣的,系中间一粒,或者系上面2粒均可。

② 双排扣西装

双排扣的西装必须要把扣子全系上,不管是站着还是坐着。

③ 西装马甲

西装马甲有6粒扣与5粒扣之分。6粒扣的最底下的一粒可以不系,而5粒扣的则全部要系上。

(2) 西装的口袋

西装讲求以直线为美,尤其强调平整、挺括的外观,即要求线条轮廓清楚,服帖合身。所以,西装外侧口袋均为装饰袋,一般是不装东西的。但是西装的左侧上衣口袋,必要时可装折好花式的手帕,但绝不要装笔或眼镜。

西装上衣内侧衣袋可以装票夹(钱夹)、笔及名片夹等物品,但是要注意不能装太厚或太重的物品,以免影响西装的线条轮廓。

西裤裤兜也与上衣口袋一样,一般不要装物品,以求裤型美观。但裤子后兜可以装手帕、零用钱等。

需注意的是也不能把两手随意插在西装的衣袋和裤袋里,这样做不仅有失风度,也是商务交往中十分失礼的举动。

西装马甲的口袋一般也是装饰用的,不宜放入物品。

如要携带一些必备物品,可以装在手提包中,这样不但看起来干净利落,也能防止西装变形。

(3) 西装的穿着

西装在穿着前应该熨烫平整,穿着中不能把袖子或裤腿卷起,以影响西装的整体美。穿着时要按衬衣、长裤、领带、梳头、西服上衣为序,这样既方便,而且避免了梳头时头屑可能落在西服上的尴尬。

3. 西装配件以及整体着装要领

穿西装是讲究搭配的,仅穿一套正装西服并非规范商务着装。

(1) 男士穿着西装的"三个三"

① 三色原则

三色原则是选择正装色彩的基本原则,意思是要求正装的色彩在总体上应当以少为宜,穿着西服套装时全身上下不能超过三种颜色。这样做有助于保持正装庄重、经典的总体风格。

② 三一定律

三一定律是指男士穿着西服套装外出时,身上有三个部位的色彩必须协调统一,即鞋、腰带和公文包的色彩必须统一起来。最理想的选择是皆为黑色。鞋子、腰带、公文包是商务男士身体上最为引人瞩目之处,令其色彩统一,有助于提升自己的品位。

③ 三大禁忌

西装左袖的商标没有拆,穿白色袜子或尼龙丝袜子,用休闲鞋或运动鞋搭配西装。

(2) 衬衫的选择与穿着

正装衬衫是西服着装时的必需品,只有搭配合适的衬衫,才能够使西装合乎礼仪规范。衬衫的选择与穿着应符合以下几点要求。

① 衬衫衣领根据形状可以分为标准领、扣领、立领、翼领等。正装衬衫为标准领。具体可根据自己的脸形和脖长选择,穿着时也要注意与所打的领带结相适宜。一般衬衫领应高出西装领1～2厘米。

② 在商务活动中,传统的衬衫颜色为白色,除此之外还可选择天蓝、浅灰、浅粉等色,但要与西装颜色相协调,不可过分抢眼,反差太大。此外也可穿与西装同色系的衬衫。

③ 西装衬衫最好选择无图案的衬衫。暗竖条纹的也可选择,但必须注意与西装外套、领带的搭配。

④ 标准衬衫应是长袖的,短袖衬衫属于休闲款式,不能与西装搭配。更讲究的也可以选择法式袖。袖口的长度应比西服外套的袖口略长1～3厘米。

⑤ 衬衫有平摆和圆摆之分,正装衬衫为平摆。圆摆衬衫属于休闲装,一般不与正装西服搭配。

⑥ 穿着要点

a. 出席重要商务活动时,应注意尽可能每日更换一件衬衣,保证领口、袖口的清洁和平整。

b. 穿衬衫打领带仅限于室内,外出要穿外套。穿短袖不打领带(制服除外)。

c. 衬衫袖子要保持平整,不能把袖口卷起来。

d. 打领带时衬衫的扣子都要系上,包括袖扣。不打领带时,上面第一个扣子不要系上,但其他的扣子都要系,不能解开第二个及第三个纽扣。

e. 注意内外协调,衬衫里面一般不要穿棉毛衫。衬衣要贴身平整地塞到裤腰里,天冷时可选择U领或V领毛衫,这样不影响衬衣领口及领带。

(3) 领带的选择与佩戴

① 领带的选择

领带是商务场合男士最重要的装饰品,对西装起着画龙点睛的作用。所以领带通常被称作"男士西装的灵魂"。

面料:质地一般以真丝、精纺纯毛为宜,涤丝的档次稍低点。在正式的商务场合,不能选择棉、麻、绒、皮革等质地的领带。

颜色:领带的颜色一是要与西装尽量协调,二是要和衬衫颜色搭配。蓝色、灰色、咖啡色、黑色及紫红色都是比较理想的颜色。黑色显得庄重,一般在隆重的场合使用;紫红色显得喜庆,适合开业、剪彩及庆典活动。西装、领带、衬衫三者的色调应该是和谐的,而领带是三者中最醒目的,所以不要选择太浅或太艳的颜色。

图案:领带的选择要坚持庄重、典雅、保守的基本原则,一般为单色无图案款式,但也可选择圆点、条纹、方格等几何图案的领带。多色的领带不应多于三种颜色,而且尽量不要选用那些过于显眼、图案花哨的领带。

款式:根据形状,领带可以分为箭头型和平头型。平头领带适合休闲和社交场合,箭头领带属于正装领带。简易式的"一拉得"、"一挂得"等领带,不适宜在正式的商务场合使用。

② 领带打法

领带的结法种类很多,原则是:衬衣的领角越大,领带结扎得越大;领角中庸,相应领带结也应扎得适中。下面介绍4种基本的领带打法。

a. 四手结

四手结是最常用的领带打法,也可以说是最经典的领带打法。风格简约,非常方便,领结呈斜三角形,适合窄领衬衫。

要诀:领结下方所形成的"酒窝"需让两边均匀对称。

该领带的打法见图2-32所示。

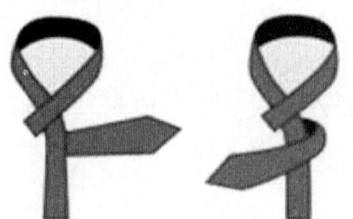

图2-32 四手结打法

b. 半温莎结

半温莎结让男性看起来更有风度和自信。半温莎结是一种比较浪漫的领带打法,结型比四手结稍微宽一些,近似正三角形的领形比四手结打出的斜三角形更庄重。此款结型很容易给人留下高雅且隆重的感觉,适用于任何场合,在众多衬衫领形中,与尖领和标准领都是完美的搭配。

该领带的打法见图2-33所示。

图 2-33 半温莎结打法

c. 温莎结

温莎结一般用于商务等场合。该领结非常漂亮,属于典型的英式风格,其步骤在几种常用的领带打法中也最为复杂。温莎结适用于宽领型的衬衫,该领结应多往横向发展。系该种领结时应避免使用材质过厚的领带,领结也不要打得过大。

该领带的打法见图 2-34 所示。

图 2-34 温莎结打法

d. 双环结

双环结就是加强版的平结,适用于细领带,质地细致的丝质领带加上双环结能营造时尚感,适合年轻的上班族。该领结的特色就是完成后第一圈会稍露出于第二圈之外,注意不要刻意盖住。

该领带的打法见图 2-35 所示。

图 2-35 双环结打法

③ 佩戴领带的注意事项

a. 注意场合

打领带意味着郑重其事,因此,只有在正式的商务场合才适宜打领带。在参加宴会、舞会、音乐会时,为了表示对主人的尊重,也可以打领带。在休闲场合,通常不打领带。

b. 注意配套

着西服套装时必须打领带,穿夹克衫、短袖衬衫等时则不能打领带,因为夹克衫和短袖衬衫属于休闲服装(制服短袖除外)。

c. 注意性别

领带为男性专用饰物,在商务正式场合,女性一般不打领带,除非制服。

d. 注意长度

领带的长度以自然下垂最下端(即大箭头)触及皮带扣处为宜,过长或过短都不合适。

e. 注意结法

打领带结有三点技巧:一是要把结打得端正、挺括,外观上呈倒三角形;二是可以在收紧领结时有意识地在其下压出一个窝或一条沟来,使其看起来美观、自然,这个窝也被称为"男人的酒窝";三是领带结的具体大小不可以完全自行其是,而应令其大体上与同时所穿的衬衫领子大小和自己脖子的粗细相适宜。

④ 领带的保养

一条好的领带价格不菲,在使用中要注意保养,以延长领带的使用寿命。每次使用过后,请立即解开领结,要轻轻从结口解下,因为用力拉扯表布及内衬,极易使纤维断裂,并造成永久性的褶皱。每次解开的领带要对折平放或用领带架挂起来。

不要每天连着戴同一条领带,一是每天的形象应该有所改变,以给人清新的感觉;二是要让领带有一定的时间恢复原形。一条领带戴完一次要隔几天再戴,必要时可先将领带置于潮湿温暖的场所,或喷少许水,使其褶皱处恢复原状后,再收至干燥处平放或吊立。

领带沾染污垢时,要立即干洗,不要水洗。领带结口有褶皱时,需用蒸汽熨斗低温烫平,不得高温熨烫,否则容易造成领带变形、变色。

⑤ 领带夹

领带夹一般不用,如果真要用,也不宜令其处于别人的视野内,而应以从外部感觉不到领带夹为佳,并且应该夹在领带打好后的"黄金分割点"上,即标准衬衫自上而下的第四粒至第五粒扣子之间。

(4) 鞋的选择与穿着

皮鞋对于西装而言是一个平台,是基础。与西装配套的正装鞋只有皮鞋,即便夏天也是如此,而不能是凉鞋、旅游鞋、拖鞋。

皮鞋分时装皮鞋、休闲皮鞋和正装皮鞋。正装皮鞋是光面的(不能是磨砂/翻毛/磨毛/打眼的)、单色的(不能是多种色彩相拼的)、系带的薄底(不能是那种鞋底很厚的)素面皮鞋。

一般而言,商务活动中皮鞋的颜色要和西服的颜色相协调,黑色系带皮鞋是一种比较理想的皮鞋类型。因为黑色是最稳定的底色,给人以稳重感;而系鞋带可以调整皮鞋与脚之间松紧度,使鞋更合脚。

皮鞋穿着时要做到鞋内无味,鞋面无尘,鞋底无泥,鞋垫相宜。

在正式的商务场合,还应该使自己的皮鞋的颜色与皮带、公文包的颜色一致,这就是前面提到的西服着装当中的"三一定律"。

(5) 袜子的选择与穿着

袜子的选择是检验一个人是否懂得西服着装规范的一个小标准。与西装、皮鞋相配的袜子应以深色、单色为宜,首选黑色。在商务场合的西装穿着中,袜子的颜色要与皮鞋统一,一定不要选择白色的袜子。袜子以棉质的为佳,千万不要选那些不吸汗易产生异味的尼龙袜子。袜子的功能除了护脚以外,更重要的一点是可以遮盖腿毛,特别是需要防止重叠式就座时因裤腿提升导致腿毛外露而不雅,因此穿西装时一定要配稍高筒的袜子。

同时还要注意不能把两条腿的袜子提得高低不同。一旦袜子有破洞了就要及时更换,且要保持袜子的清洁,不能有异味。

(6) 皮带的选择与使用

商务场合男士在腰间系上一条高雅的皮带,看上去简单而干练,既能在一定程度上代表男人的身份、品位和个性,又可以很好地表现出职业男士的气质。皮带的选择应注意以下几点。一是与西装相配的皮带必须是皮质材料,光面、深色(如黑色、棕色)是最常用的款式。二是皮带应配有钢制皮带扣,皮带扣应该选择素雅、大方的图案,式样新奇或巨大的皮带扣均不适宜,高档名牌的图案也因有炫富之嫌而不适合。三是皮带的宽度一般在2.5~3厘米之间。如果皮带太窄,会减少男性的阳刚之气;而过宽的皮带只适合于休闲、牛仔风格的装束。

使用皮带时切记不能在腰上挂钥匙等多余物品。

(7) 公文包的选择与使用

穿着西装的商务人员在各种商务活动中,除了要带必需的各种资料外,还要随身携带手机、钥匙、钱夹等私人物品,而这些物品都是不宜放在衣服口袋中的,只能放在公文包里。因此,公文包对商务男士而言是不可或缺的。一款适合自己的做工精细、款式大方的公文包是商务男士品位的象征,也能显示出男性的阳刚之气和优雅风貌。

一般来说,男性商务人员选择公文包的面料以真皮为宜,并以牛皮、羊皮制品为最佳。在常规情况下,黑色、棕色的公文包是最正统的选择;除商标外,公文包的外观上不宜再带有其他任何图案或文字。最标准的公文包是手提式的长方形公文包,大小以能放下A4纸的材料为宜。夹式、挎式、背式等其他类型的皮包,均不可充当公文包。

使用公文包前,一般要先行拆去所附的真皮标志。切勿在外人面前显示自己所用的公文包的名贵高档。

若从色彩搭配的角度来说,要注意公文包应与皮鞋和皮带的色调相一致,使整体看上去协调、美观。

(二) 女士职业套裙礼仪

职业女装的选择和要求相对男士来说要宽松得多,可选择的范围也广泛得多。女士职业服装的款式、颜色、质地等都可以根据个人的情况自行选择,所以商务女士在穿着上比商务男士有更大的随意性和更多的变化。

在重要的商务场合,女性商务人员应该身着套裙。职业套裙可令女士看起来精明、干练、成熟、优雅、文静,凸显出女性的气质和知性美。迄今为止,还未见到其他任何一种女装能与套裙相媲美。

1. 职业套裙的选择

选择服装最基本的原则是扬长避短,不管是颜色、款式还是面料都应该根据自身条件进行选择,同时还要考虑环境、场合。

(1) 西服套裙的选择

西服套裙通常是统一面料、统一色彩,由上衣和裙子两件衣物浑然一体所组成的套装。上衣是西服,下装是西式短裙。西服套裙上基本没有点缀的饰物,款式棱角比较分明,线条比较平整,给人端庄、优雅的感觉,适合女士在隆重、严肃的场合穿着。

① 面料的选择

类似于男士西装,一般来说最好选择纯毛、真丝等档次较高的面料,因为纯天然的面料吸湿透气,垂悬感好。一般不要选太亮的、发光的面料。

② 色彩图案的选择

西服套裙色彩的基本要求是单色,以冷色调为主,例如藏蓝色、灰色、黑色等,借以体现着装者端庄、稳重的气质;西服套裙一般不带图案,如本人喜欢,也可选择暗条、暗点的款式一试,但是明条、明点的慎选。

③ 款式的选择

选择西服套裙,款式是非常重要的。20世纪30年代,法国时装设计师克里斯蒂安·迪欧以拉丁字母为形式,创造了H型、X型、A型、Y型四种造型样式的职业套裙,这四种款型各有特点。按照本人的体形选择适合的款式是穿着女士西服套裙的第一要务。

a. H型

H型套裙是指上下无明显变化的宽腰式服装,上衣较为宽松,裙子多为筒式,上衣和裙子浑然一体。其形状如一个上下等粗的字母H。穿着此种服装会给人以自由、轻松、洒脱之感,既可以让穿着者显得含蓄和英气,也可以掩盖身材较胖的缺点。

b. X型

X型套裙是根据女性外形的自然曲线——肩宽、腰细、臀围大的特点而设计的服装,适宜于细腰,且胸部和腿部的线条都比较好的女士。X型套裙上衣多为紧身式,裙子则大都下摆较宽,能够充分展现出人体的自然曲线美,突出着装者腰部的纤细,给人以活泼、浪漫之感。

c. A型

A型套裙是一种上小下大的服装造型,基本特点是肩部下塌、贴体,裙子下摆宽大。它适合臀围较大,腿比较粗,上身比较收缩,胸部线条比较好的女士。由于此种服装肩部窄小,裙摆宽大,故穿着时给人以优雅、轻盈、飘逸之感。

d. Y型

Y型套裙是与A型套裙恰恰相反的一种服装造型,呈上宽下窄的形状,上衣为宽松式,并且以筒式为主。其造型结构简练,穿着舒适、利落,往往会令着装者看上去亭亭玉立,端庄大方。

这四种款式的套裙最大的特点都是能够扬长避短,充分掩蔽身材的缺陷,同时突出优点。

上衣下裙也有大小的搭配问题,可以是上长下长、上长下短、上短下长、上短下短,具体应根据季节和个人身材进行选择。

(2) 其他职业套裙的选择

西服套裙的款式棱角比较分明,线条比较平整,给人端庄、稳重的感觉。但是在现代社会,这样的服装不能完全满足商界女士,特别是年轻女士的需要。所以,除了西服套裙外,也可选择其他形式的职业套裙,以凸显商界女士时尚、优雅、大方的气质。

① 面料的选择

面料要上乘。不一定非要选择毛料、真丝,但要选择平整、润滑、光洁、柔软、挺括、不起皱、不起球、不起毛的面料。不宜选择发光、发亮的面料。

② 色彩的选择

色彩宜少不宜多。以冷色调为主,以黑色、灰色、棕色、米色等单一色彩为佳,也可以选择藏青、蓝灰、茶褐、烟灰、雪青、紫红等稍冷一些的色彩。不同于西服套裙,职业套裙上衣和裙子的色彩可以不受单一色彩的限制。

③ 图案的选择

图案忌花哨。无图案、或明或暗的条纹、或宽或窄的格子都可选择。

④ 款式的选择

造型合身。根据自身身材的情况选择 H 型、X 型、A 型、Y 型中适合的款型。

⑤ 点缀的选择

点缀忌多。一般情况下,套裙不宜添加过多的点缀,因为点缀过多会使穿着者有失稳重。带有彩条、蕾丝、花边、皮革等点缀或装饰的套裙,不太适合在商务场合穿着。

⑥ 样式的选择

样式时尚。较时尚的职业套裙,可在西服套裙的基础上,于领型、纽扣、门襟、袖口、衣袋、裙摆等处变化式样,但不能过于夸张,否则会影响商界女士典雅、端庄的气质。

(3) 职业套裙的穿着

商务人员在正式场合着装时,需要注意以下几点。

① 衣着合体

一套做工精良、面料优质的套裙,无疑会给人增添魅力。但是职业套裙首先要讲究合体,如果不合体,再好的服饰也会失去原有的优雅与美丽。

职业套裙的上衣或裙子均不可过于肥大或紧窄,过于肥大的套裙会使着装者显得萎靡不振,而过于紧窄的套裙则会使着装者显得不够庄重。

② 选对场合

职业套裙适用于商务场合。女性商务人员在各种正式的商务活动中,一般以穿着套裙为佳,尤其在涉外商务活动中,务必这样做。

如果不出席正式的商务场合,职业女性日常上班时可以用不同的颜色来搭配上衣和裙子,也可用无袖连衣裙搭配职业上装。在出席宴会、舞会、音乐会时,可酌情选择与此类场面相协调的礼服或时装,而不宜穿着职业套裙。

③ 穿着到位

正式的商务套裙都必须是长袖的。女性商务人员的着装必须一丝不苟,处处到位。上衣的衣扣应全部系上,不管是站立还是就座,都不能部分或全部解开;不能当着别人的面随便将上衣脱下,更不能将上衣披在身上或者搭在身上;套裙要穿得端端正正,依照其常规的穿着方法将其认真穿好。特别是在参加正式商务活动之前,务必要仔细检查衣裙的领子、衣袋盖子、纽扣、拉锁、衣裙边缘等细节是否妥帖,以免在大庭广众之下发生尴尬事件。

④ 协调妆饰

女性商务人员穿着职业套裙时,应注意与化妆、饰品相协调。就化妆而言,女性商务人员不可素面上岗,但也不可浓妆艳抹,而要以职业淡妆为佳,给人一种专业与知性的感觉。就配饰而言,可以不佩戴任何首饰;如果要戴,则以少为宜,注意合乎身份,切记不可佩戴过度张扬的首饰。

⑤ 兼顾仪态

虽说套裙最能够体现女性的柔美曲线,但是如果着装者举止不雅,甚至肆意而为,则依然不能将套裙自身的美感表现出来。这就需要商务人员在商务活动中处处注意自己的仪态,做到举止得体、风度优雅,展现出自己良好的素养和形象。

(4) 衣着禁忌

① 忌过分杂乱

服装穿着要协调、规范,正装不要与便装或运动装等混搭。如果女士在穿着高档的套裙的同时却光脚穿露脚趾的凉鞋,就不符合商务场合的着装规范。

② 忌过分鲜艳

商务场合着装需要遵守三色原则,即全身颜色不宜多于三种,更不能过分鲜艳。图案也要注意,重要场合的套装或制服尽量不要有图案,或者只能是规范的几何图案,切记不能过分花哨。

③ 忌过分短小暴露

女士在商务场合着装要注意不能过分暴露——超短裙、露脐装、小背心、短裤等服饰都不宜在正式场合穿着。另外也尽量不要露脚趾和脚后跟。

④ 忌过分透视

重要的商务场合尤其要注意,内衣不能透过外衣看到,否则是非常失礼的表现。

⑤ 忌过分紧身

衣服过于紧身,甚至显现出内衣的轮廓,这样既不雅观也不庄重。而且胖人穿紧身衣服会显得更胖,瘦人穿紧身衣服会显得更瘦。

(5) 职业套裙的配饰

① 衬衣的选择与穿着

a. 衬衣面料

衬衣面料一般要求轻薄而柔软,精纺棉、真丝是最佳面料,绵绸、涤棉等也可以采用。

b. 衬衣色彩

从色彩上讲,衬衣要求雅致而端庄,以单色为最佳。除了白色之外,其他各式各样的色彩,包括流行色在内,只要不是过于鲜艳,同时与所穿的套裙色彩协调,均可用作衬衫的色彩。

c. 衬衣领口

可根据自己的脸型选择圆领、V领等领型。

d. 衬衫款式

衬衣款式要简洁大方,尽量避免有小褶边或蕾丝边的花领、花边。

e. 衬衣穿着

衬衫的下摆必须塞入裙腰里面，不得任其悬垂于外或者在腰间打结。衬衫的纽扣除最上端的一粒按惯例不系外，其他纽扣均不得随意解开，一定要一一系好。

穿着职业套裙时，不可在外人面前脱下上衣，直接穿着衬衫示人，尤其是穿着较为紧身而透明的衬衫时。

② 鞋的选择与穿着

a. 鞋的样式

皮鞋是与职业套裙最为相配的鞋子，并且以牛皮皮鞋为上品。款式应该是高跟或半高跟的船式皮鞋或盖式皮鞋。系带式皮鞋、丁字式皮鞋、皮靴、皮凉鞋等，都不宜在正式场合搭配职业套裙；露出脚趾和脚后跟的凉鞋和皮拖鞋也不适合商务场合。

b. 鞋的颜色

皮鞋以黑色最为正统，黑色的高跟或半高跟船鞋是职场女性必备的基本款式，几乎可以搭配任何颜色和款式的套装。鞋的颜色也可与手袋一致，并且要与衣服的颜色相协调。与套裙色彩一致的皮鞋亦可选择。但是鲜红、明黄、艳绿、浅紫的鞋子则最好不要尝试。任何有亮片或水晶装饰的鞋子都不适合于商务场合。

c. 鞋的穿着

鞋的大小要合适，避免鞋子大了不跟脚，且会露出趾缝；皮鞋要上油擦亮，不留灰尘和污迹；皮鞋不要钉鞋钉，以免走路有响声；在公众场合不能随意脱下或半脱鞋子，否则会有损自己形象。

③ 袜子的选择与穿着

袜子的穿着也是服饰的重要一环。在正式的商务场合，绝不能赤足穿鞋。

a. 袜子的种类

长筒袜和连裤袜是职业套裙的标准搭配。首选连裤袜，因为穿着效果最好；其次为带有吊袜带的长筒袜，因为普通长筒袜易脱落。中筒袜、低筒袜均不宜与职业套裙搭配。

b. 袜子的颜色

在商务场合着职业套装时首选肉色丝袜，比较时尚的浅灰色、浅棕色丝袜也可以。绝对不能穿发光、发亮的袜子，太鲜艳或有图案的袜子也都不适合。

c. 袜子的穿着

袜边暴露在裙外，是公认的缺乏服饰品位且严重失礼的表现，穿套裙时应避免此种情形的发生。即便是穿开衩裙，在走动之时也应注意不要让袜口偶尔一现于裙衩之外。穿长筒袜时务必要防止袜口下滑，而且千万不可当众整理袜口。

如果袜子有洞、跳丝，应立即更换，不可打了补丁再穿。女性商务人员平时可以在办公室或手袋里预备一双新袜子，以备替换。袜子不可随意乱穿。商务场合不适宜穿太厚的袜子，也不能把健美裤、羊毛裤当成长筒袜来穿。

④ 手提包的选择

由于裙装一般没有太多的口袋可以放女士的各种随身用品，因此，手提包成为女士裙装的必需品。

商务女士使用的手提包不一定都要是真皮包，但必须质地好、款式庄重，且与服装相配。由于商务活动的公务性质,女士在日常商务活动中使用的手提包应以接近公文包形状的款式为佳,造型应简洁大方。单肩及双肩背包都不适宜用于正式场合。

出席庆典及宴会等活动时,由于社交的成分大一些,则可根据个人爱好决定手袋的款式、质地,造型也可精巧细致一些。

⑤ 饰品的选择与佩戴

饰品亦称首饰、饰物,是人们在穿着打扮时所使用的装饰物,它能在服装造型中起到烘托主题和画龙点睛的作用。对于出席商务场合的女性来说,可以不佩戴任何首饰;若要戴,则一定要有品位。首饰佩戴得当,会使女士平添一份高雅。商务场合佩戴饰品应遵循如下规则。

数量规则:佩戴的饰品不宜太多,美加美并不一定等于更美。同时佩戴的首饰不应超过三种。

色彩规则:饰品一般要求同质同色,且应与自己的肤色和服装的色彩相协调。

款式规则:款式要简单、大方,饰品大小要适中,且与自身的风格、气质相称,能够起到扬长避短的作用。

戴法规则:了解习俗,切忌乱戴,出尽洋相。

a. 项链

项链是女性最常用的饰品之一。它既可装饰人的颈项、胸部,使女性更有魅力,又能给所穿的服饰锦上添花。就项链的选择而言,价格并不是主要的因素,考虑佩戴的场合,自己的年龄、肤色,与所穿的服装及其他饰品是否搭配协调才是主要的。一般来说,年龄较大的女性以选择质地上乘、工艺精细的金、白金项链为好;而年轻的女性则应选用质地佳、颜色好、款式新的项链。

b. 戒指

戒指是一种重要的饰品。戒指的选择应与指形相搭配:手指短小,应选用镶有单粒宝石的戒指,如橄榄形、椭圆形的戒指,指环不宜过宽,这样才能使手指看来较为修长;手指纤细,宜配宽阔的戒指,如长方形的单粒宝石戒指会使手指显得更加纤细圆润;手指丰满且较长,可选择圆形、心形的宝石戒指,也可选用大胆创新的几何图形戒指。同时,戒指也应与体型、肤色相搭配:身体苗条、皮肤细腻的女性,宜戴嵌有深色宝石、戒指圈较窄的戒指;身材偏胖、肤色偏暗的女性,宜戴嵌有透明度好的浅色宝石、戒指圈较宽的戒指。

佩戴戒指不仅有装饰作用,还是一种特定信息的传递物。尽管它有钻石、珍珠、金银等不同质地,有浑圆、方形、雕花、刻字等不同造型,但其佩戴的方法是一致的,表达的含义也是特定的。戒指通常戴在左手上。一般来说,戴在食指上表示尚未恋爱,正在求偶;戴在中指上表示已有意中人,正在恋爱;戴在无名指上,表示已正式订婚或已结婚;而戴在小指上,则表示誓不婚恋,笃信独身主义。在一些西方国家,未婚女子的戒指戴在右手而不是左手上。一般情况下,一只手上只戴一枚戒指,戴两枚或两枚以上的戒指是不适宜的。

c. 胸针

胸针是别在胸前的饰物,是西服套裙装最主要的饰品。其图案以花卉为多,是一年四季都可以佩戴的装饰品。女士胸前佩戴一枚精巧而别致的胸针,可以引人注目,增添美感,实现衣服和首饰相得益彰的审美效果。

胸针有大有小，大的胸针通常图案较为精致、复杂，小型胸针一般色彩简洁、图案简单。选择胸针既要考虑个人的喜好，也要注意胸针的质地、颜色、图案与季节、场合、服装的搭配与协调。例如夏季宜佩戴轻巧型胸针，冬季宜佩戴较大的、款式精美的胸针，而春季和秋季宜佩戴与大自然色彩相协调的绿色和金黄色的胸针。

佩戴胸针的位置可视自己意欲突出的重点而定。一般说来胸针多佩戴于左胸前，如上衣有领子，也可将其别在上衣领子边上；胸针的上下位置应在衬衣的第一颗及第二颗纽扣之间的平行位置上。

必须注意的是，胸针既不能和胸花、徽章等同时佩戴，也不能和项链，尤其是带坠式项链同时佩戴，否则会分散他人的注意力，影响整体装扮效果。

d. 丝巾

丝巾是女士裙装的一个很好的饰品。如今丝巾装饰已成为众多职业女性的"文化眼"，女人爱丝巾就如同爱香水般自然。一条丝巾不仅能够衬托出女性的秀美，而且还能"点亮"她们各自独有的气质。每条丝巾的每种打法都表达着女人不同的情怀。原本很普通的丝巾，经过手工、机织、印染之后，在丝面呈现出各种各样的图案，不仅是一条用来佩戴的丝巾，更是一件精美别致的艺术品了。

佩戴各种适合的丝巾结，可使精良、大方、得体的服饰风范增添文化底蕴，显示出商务女士从容、知性的个性和风采。

职业女性在工作场合除了要掌握多种丝巾配饰的打法之外，还应注意丝巾配饰的打法与脸型的搭配技巧。丝巾的颜色、图案要与肤色、服饰的搭配协调，从而达到锦上添花的效果。但脖子较短的人就不适宜戴丝巾了。

手镯、手链、脚链等过度张扬女人味的饰品在工作场合最好不戴。试想商务女性穿着一身职业气息浓厚的套裙，手上戴着手镯，出入写字楼，有点不伦不类的感觉。

此外，不管是男士还是女士，在商务场合都不宜佩戴炫耀自己财富的首饰，例如高档珠宝类首饰一般不要戴。

思考与任务

一、思考

1. 商务人员的职业男装的基本要求是什么？
2. 商务人员的职业女装的基本要求是什么？
3. 男装、女装的配饰如何选择？

二、任务

1. 请为自己选择一套符合商务人员穿着的职业服饰。
2. 每人熟练地打出三种领带结。
3. 男（女）生请为女（男）生选择符合商务人员穿着的职业服饰，包括配饰。

项目三　求　职　礼　仪

【知识学习目标】

掌握求职信和简历书写的基本格式及要求。
掌握面试礼仪的基本规范。

【能力学习目标】

学会求职信和简历的书写礼仪。
学会面试礼仪的应用。

项目三情景： 即将毕业的同学们要去求职了。但是求职是有礼仪要求的，该项目的设置就是要让你们掌握求职信及简历的书写礼仪和面试礼仪的应用。

求职礼仪是求职者在求职过程中应具有的礼貌行为和仪表规范，是求职者整体素质的重要表现，特别是对于初次求职的毕业生来说，掌握一定的求职礼仪规范，会给用人单位留下良好的第一印象，为找到理想的工作打好基础。

美国职业学家罗尔斯说："求职是一门高深的学问。"心理学家奥里·欧文斯说："大多数公司录用的是有礼节的人，而不是最能干的人。"

子项目1　求职信和简历

子项目1情景： 雪盛电商公司的电商部和魅力服装公司的经销部分别在网上招聘适合电子商务专业和市场营销专业毕业生就职的岗位，请同学们前去应聘。

一、求职信的书写礼仪

求职信是求职者写给用人单位的信，目的是让对方了解自己、相信自己，从而录用自己。它是一种私人对公并有求于公的信函，也是求职者以书信形式自我举荐，表达求职愿望，陈述求职理由，提出求职要求的一种信函文本。通过它，求职者可以向用人单位展示自己适合于工作岗位的知识水平、工作能力、人格魅力等，从而建立起与用人单位之间的联系，为求职的成功打下良好的基础。因此，求职信也被称作找工作的"敲门砖"。

一份好的求职信能体现出求职者清晰的思路和良好的表达能力，使其在未到之前就给招聘单位留下一个较好的第一印象，这对求职的成功是很有帮助的。

(一) 求职信的内容与格式

1. 标题

求职信的标题通常只有文种名称，即在第一行中间写上"求职信"三个字。

2. 称呼及问候

对受信人的称呼要恰当，求职信不同于一般私人书信，它的受信人是未曾谋面的，所以称谓一定要恰当，要郑重其事。对于不甚明确的单位有关人员，可写成"×××公司负责人"、"尊敬的×××公司领导"等；对于明确了用人单位负责人的，可以写出负责人的职务、职称，如"尊敬的林教授"、"尊敬的蒋处长"、"尊敬的刘经理"等。

称呼要顶格写在第一行，之后加冒号，另起一行，空两格，写上问候语"您好"。无论是对经常通信的还是素昧平生的受信人，信的开头都应有问候语。向对方问候一声是必不可少的礼仪。问候语可长可短，即使短如"您好"二字，也能体现出写信人的一片真诚。

3. 正文

正文要另起一行，空两格开始写求职信的内容。正文内容较多时，要分段写。正文主要包括以下几个方面的内容。

(1) 引言

引言的作用主要是尽量引起对方的兴趣，使其有耐心看完材料，所以求职信的开头一定要引人注目，应直截了当地说明自己是从何渠道得到的有关信息，并说明求职意图，使信的主旨清晰、明确，如："我是×××大学即将毕业的学生，想在贵公司谋求商务专员这一职位。"介绍有关情况时应简明扼要，对所求的职位的态度要明朗。表达力求简洁，并能吸引对方往下读。切忌虚言冗杂、客套问候、离题万里，这会让对方产生厌烦情绪。

(2) 主体

主体部分是求职信的重点，其书写形式可以多样，但主要内容一般是：姓名、学历、毕业学校、专业、辅修专业；讲明自己求职的理由、目标；简明扼要并有针对性地概述自己应聘该职位的条件，突出自己的重要成绩、特长、优势，以及适合所求职的岗位。但切勿夸大其词或不着边际，一定要实事求是。许多简历中的具体内容不要在求职信中都重复。

(3) 结尾

求职信的结尾，主要是进一步强调求职的愿望，请用人单位予以考虑，或表达希望前往面谈，接受单位的进一步考察，等等。此部分语气要热情、诚恳、有礼貌，要把你想得到这份工作的迫切心情表达出来，促使用人单位尽快答复并给予面试机会。无论如何表达，都要注意用语恰当、得体、分寸适宜，以免造成不良印象或授人以柄，带来麻烦。

(4) 致敬语和落款

对于求职信而言，写信与读信的双方都是互相陌生的，所以更要讲究必要的礼节，运用致敬语。正文结束后,可写上一句祝福语,或紧接着下一行空两格,写上"此致"二字,后面不加标点,再在"此致"的下一行顶格书写"敬礼"二字,后面加感叹号。

落款包括署名和日期。署名应写在结尾祝词的下一行的右后方。成文日期一般写在名字下面,日期要年、月、日俱全。

若是手写署名,要注意两点:一是不要过分谦恭,如写"您忠实的侍者:×××"等,过于刻意贬低自己会显得做作;二是应字迹工整,切不可用炫耀自己的书法的方式来署名,特别是难以认出的花哨签名,容易引起对方不快。

(5)附件

有说服力的附件是鉴定求职者资质的凭证,所以求职信的附件是不可忽视的组成部分。附件可在信落款后的左下角注明,然后将附件的复印件单独订在一起附在后面。附件不需要太多,但必须是你最有分量的成绩,能够证明你的才华和能力。

(二)求职信写作的注意事项

1. 书写内容要完整,条理清晰,不要拖泥带水。
2. 不要使用模糊、笼统的字眼,多使用实例、数字等具体的说明。
3. 书写要在重点突出、内容完整的前提下,尽可能简明扼要,一般来说一页即可,最多不要超过两页。
4. 无论书写经历还是奖励,都要实事求是,决不能虚构,且要言之有物。
5. 书写要规范,不能出现格式、字词、语法和标点符号方面的低级错误。

(三)求职信示例

人事处××处长:

您好!

前几天从贵处获悉贵医院招聘本科学历医务人员的信息,本人不揣冒昧,写此信求职,望您在百忙之中能予以考虑。

本人就读于××大学医疗专业,系统学习了医学基础知识和临床知识,特别是有关现代医学的专业知识,如内科学、外科学、妇产科医学及儿科学等课程,学习成绩优秀,曾连续五年获得校级一等奖学金。计算机已通过国家二级考试,英语已达到六级水平。

我在××医院实习的一年当中,积累了一定的临床工作经验,培养了良好的交际能力与管理协作能力,具有较好的团队精神。如果我有幸加入贵医院,我将在您的领导下和大家一起为提高医院的医疗质量竭尽全力做好工作。

我的个人简历与相关材料一并附上,诚望能给我面试的机会。谢谢!

此致

敬礼!

求职人:×××

××××年×月×日

二、个人简历的书写礼仪

个人简历是一种书面的自我介绍,是对求职者生活、学习、工作、业绩等方面的概括。写好个人简历非常重要,一份适合职位要求、内容精练翔实、打印装订整齐的简历,对于求职者来说相当于一个极具说服力的好广告,能为其增加面试的机会。个人简历一般很少单独寄出,它往往作为求职信的附件一并呈送给用人单位。

(一)个人简历的书写内容

一般来说,个人简历应包括以下几个方面的内容。

1. 个人信息

个人简历中的个人基本信息包括姓名、性别、年龄、籍贯、政治面貌、毕业院校、所学专业、毕业时间、现在住址、手机号码、电子邮箱等内容。

2. 教育经历

应届毕业生可直接写教育经历。如果是有工作经验的往届毕业生,则一定要把工作经历放在教育经历之前,作为重要内容加以强调。教育经历应包括教育时间、教育院校和教育描述。

(1)教育时间及院校

教育时间及院校的书写应采用倒叙方式,从最高学历开始写起,依次往下类推,例如:博士、硕士、学士等,并注明取得各种学位的日期和学校。

(2)教育描述

教育描述可填写你学习期间的平均成绩,或列举某些重要课程、毕业设计、接受过的相关培训等。写这一项时要注意与所申请职位的关联性。

3. 实践经历及业绩

刚毕业的应届生因为没有全职工作经历,所以这一项主要填写实习经历、实践活动,以及在这些经历中所取得的业绩。

实习经历的填写包括实习时间、实习项目和实习描述。实习描述即填写你的主要职责范围、工作任务、取得的成绩,以及这些成绩与你的哪些能力和特长相关联。

实践活动包括勤工俭学、兼职打工、担任学生干部及参加各种社团活动等。如果参加过一些校园实践活动,也可按照实习经历的方式进行填写。

4. 所获奖励

该项填写获奖时间、奖励名称、奖励级别和颁奖机构等。所获奖励一般要求是奖学金或者级别较高的竞赛等奖励。如果仅仅是班级或小社团的竞赛奖励就可忽略不写。

5. 技能证书

该项填写本人已经具有的证书的名称和获得的时间。

6. 求职意向

求职意向即求职目标或个人期望的工作职位。要表明你通过求职希望得到什么样的职位以及未来3~5年的奋斗目标。

7. 自我评价

自我评价相当于自我推销,可填写你应聘该岗位的最大优势。填写时要注意切中要害,条理清楚,层次分明,语言简练。

以上所列书写内容不一定每份简历必备,应根据所应聘的岗位和自身条件等情况灵活填写。

(二) 简历书写的注意事项

1. 要仔细检查已成文的个人简历,绝对不能出现错别字或语法、标点符号等方面的低级错误。

2. 简历一般用A4白色纸打印,字体最好采用宋体或楷体,不要用花里胡哨的艺术字或彩色字;排版要简洁、明快,切忌标新立异,除非你应聘的是设计等岗位。

3. 简历必须突出重点。虽然经历过,但与你申请的岗位无关的事项尽量不写;而对所应聘的岗位有价值的经历和经验则绝对不能漏掉。

4. 个人简历不要太长,一般控制在一页纸之内,最多不要超过两页,在有工作经历的情况下也不宜超过三页,其中最重要的内容务必放在第一页。相关统计显示,有些大公司进行招聘时,由于应聘人员很多,初审平均花在每份简历上的时间只有1分钟左右,甚至更短。

5. 要尽量提供个人简历中提到的业绩和能力的证明资料,并把复印件附在个人简历后面。

6. 简历要实事求是,不能凭空编造,说谎永远是卑鄙的。当然,对你求职不利的经历,你可忽略不写。

7. 一般个人经历的填写顺序应该从现在开始倒叙至过去,这样可使招聘单位在最短的时间内了解你最近的经历。

8. 书写个人简历时,要在结构严谨的前提下,尽可能在形式上富有一定的创新性,使阅读者产生眼前一亮的感觉,增加其阅读的兴趣。

9. 简历要贴上近期彩色照片。照片一般以证件照为基准。

10. 简历书写要有针对性,无论写哪一项,都要围绕所应聘的单位和岗位来写。可能的话,事先要对应聘单位进行了解。例如应聘不同的公司、不同的职位时,招聘者关注的相关指标及对应聘者知识与能力的要求也是不尽相同的,国内公司和外资企业的招聘侧重点也有一定区别。总的来讲,外企更重视英语和学校名声,国内公司则更看重学历和专业。因此,针对不同的公司和职位,求职者应制作不同的简历来突出不同的要点。

思考与任务

一、思考

1. 书写求职信与简历时需注意哪些礼仪？
2. 求职信的基本格式是什么？

二、任务

1. 每个同学书写一份应聘雪盛电商公司的求职信。
2. 每个同学书写一份应聘魅力服装公司的个人简历。

子项目2 面试礼仪

子项目2情景： 雪盛电商公司招聘电商专员，魅力服装公司招聘营销员。经过人力资源部人员对应聘者投递的求职信和简历的初审，参加面试的人员名单已经公布。两个公司今天都要进行面试。

面试是以面对面的交谈和观察为主要手段，由表及里测评应试者综合素质的一种方式。对用人单位来说，这是选择人才的一种重要方式。相关统计显示，95%以上的用人单位会对应聘者进行面试。

对个人来说，面试是成功求职的临门一脚，是无法回避的一个接受挑选的环节，在人的一生中可能会经历许多面试考验。求职者在面试中表现出的礼仪水平，不仅能反映出他的人品和修养，而且直接影响着面试官的最终决定。一个仪表出众、懂得礼仪的求职者在面试中会表现得更加出色，也会比不懂、不应用礼仪者拥有更大的成功机会。

一、面试前的准备

（一）对招聘单位的了解

1. 对招聘单位情况的了解

准备面试前，一定要从网站等各种渠道搜集招聘单位的相关资料，以便对用人单位的基本情况有一个比较充分的了解。包括用人单位的全称、经营项目以及近期推出的各项活动等。一定要明确自己所应聘岗位的工作内容、工作要求等。

2. 对招聘单位面试细节的了解

在接到面试通知时，一定要询问清楚面试时间、面试地点和联络电话等细节。

3. 对相关个人技能要求的了解

许多用人单位都会注明求职者应该具备的技能，如中、英文打字速度或办公软件应用等要求,面试时也可能会当场进行相关能力的测试,所以面试者要注意招聘单位对技能的要求,如果求职者对招聘单位所要求的技能尚不熟练,在面试前应进行必要的强化。

(二) 物质材料的准备

面试前务必要把所有需要的物品放入包中。

1. 材料

身份证复印件及求职材料一套。求职材料含求职信、个人简历及附件,附件包括学历证书、学位证书、技能等级证书和所获重要奖励证书的复印件。所有准备好的文件材料都应平整地放在文件袋或文件夹中,并且要对这些材料的放置顺序做到心中有数,需要时可准确快速地取出。

2. 物品

应准备签字笔两支,笔记本一个,身份证、照片、学历证书、学位证书、技能等级证书及所获奖励等各种证书的原件,备用求职材料一套以及复印纸若干张。

3. 资料

包括用人单位的各种资讯,自我介绍、面试的各种参考材料等。

(三) 个人心理准备

1. 对自己的情况、材料要了如指掌,以便被问到时能够从容对答。
2. 对面试地点应提前熟悉环境,包括路途远近、交通状况等。
3. 做好面试的一切准备工作,把握住面试中自己可能控制的每一个细节。要对面试充满自信,不能还没上场心理上就先败下阵来。

(四) 个人形象设计

应聘者的外在形象是给面试官留下的第一印象。外在形象得体与否,在一定程度上会影响到应聘者能否被录用。所以面试时务必要注意自身的形象,并注意首轮效应的应用,做好个人形象的设计。个人形象设计要围绕所应聘的行业、职业和岗位特点进行,要符合求职者的身份,以整洁美观、稳重大方为原则,并考虑与所应聘公司的企业文化及职位要求相协调。

1. 面试仪容的修饰

在面试官看来,求职者的仪容仪表可体现出他的精神面貌及对工作的态度。所以面试时要求仪容干净、卫生、整洁。特别应注意以下几个方面。

(1) 女生在面试时要化职业妆,妆容以简洁、大方、亲切、自然为佳。

(2) 男生在面试时要剃净胡须,将头发梳理整齐。

(3) 可适当改变一下学生模样的发型,如女生头发较长的应盘发或扎起来。面试前一天最好洗头,以保持头发的蓬松亮泽,提升面部的亮度。

总而言之,面试前一定要从头到脚规范修饰自己的仪容。

2. 面试着装的选择

面试着装要尽量适合应聘单位的文化和岗位特点。面试时要按照职业装的服饰礼仪规范自己的着装，大到衣裙，小到袜子、鞋等。

（1）女生面试着装

女生面试时最好选择职业套裙，这是最常用、最稳妥的着装。一套剪裁合体的职业套裙搭配一件色彩相宜的衬衫，会使女性求职者显得优雅而自信，给招聘方留下良好的印象。如果天气较冷，可再加一个厚外套。

面试时应穿中跟或高跟的皮鞋，这样会使人显得挺拔、自信。穿套裙时要穿长筒袜，不能露腿。低胸、紧身、过分时髦和暴露的服装都不适合面试时穿。

（2）男生面试着装

男生在求职面试时，春、秋、冬季穿西装是最佳选择；夏天要尽量穿长袖衬衫，不要穿短袖衬衫、休闲衬衫，更不能穿圆领T恤衫。西装以深色为宜，搭配素色衬衫和黑色皮鞋，鞋面要保持亮洁。可以选择一条较好的领带，这样可以提升一套普通西装的档次。

如果应聘的是艺术、设计行业，则可打扮得稍微时尚前卫一些，以显示自己的创意能力。

应届毕业生在经济条件无法完全达到的情况下，虽然不必一定购买较贵的职业装，但要尽量选择贴近职业装的服饰，不可穿太过休闲和太过时尚的服饰。例如男女生都可以穿西服、衬衫和普通牛仔裤，但女生的西服要合体，不可过于宽大，牛仔裤不可穿太时尚的镂空款。大量的求职实践表明，无论应聘何种职业，穿着保守的求职者更能获得面试官的好感，相比穿着开放的求职者更容易被录用。

出发前，最好从头到脚再检查一遍，看看发型是否整齐，扣子、拉链是否扣好、拉好，领子、袖口是否有破损，衣服是否有褶皱，鞋子是否干净光亮。

二、面试中的礼仪

面试者都想在面试中给面试官留下一个好印象。根据首轮效应，一个人给他人留下的印象，7％取决于表达内容，38％取决于声音、语气，55％取决于仪态仪表，所以非语言交流的重要性可想而知。在面试中，恰当使用非语言交流的技巧，将为你带来事半功倍的效果。

（一）遵守时间

守时是职业道德的一个基本要求，提前10～15分钟到达面试地点效果最佳。提前半小时以上到达会被视为没有时间观念，而在面试时迟到或是匆忙赶到则是严重的失误。遵守时间关系到用人单位对求职者的第一印象。对于这一点，求职者切不可掉以轻心，如果临时发生了不可抗拒的意外情况而不能按时赴约或不能参加面试，应及时通知用人单位并表示歉意。这样可以得到招聘企业的谅解，并有可能争取到补面试的机会。

（二）注意形象

求职者来到面试单位后，一定要注意自己的言谈举止。到达面试地点后应在等候室耐心等待，保持安静和正确的坐姿，也可自带一些材料重温。切记不要来回走动，显得浮躁不安；更不要旁若无人地大声说话或笑闹、吃东西、抽烟、接手机等。面试中和面试结束后都要注意自己的仪态、举止。进入面试室前要关闭手机，以免出现面试中电话铃响的尴尬情况。

（三）敲门进入

进入面试的房间之前，如果门关着，要先敲门，在听到允许进入的回答后，再轻轻地推门进去，并转身关好门。进门后不要紧张，要等面试官示意可以就座后，再按指定位置入座，并表示感谢。

（四）彬彬有礼

进入面试室后，要向面试官鞠躬或行点头礼，并面带微笑地问候一声"您好"，显得彬彬有礼而大方得体。交谈中要注意使用敬语，如"您好"、"请"、"麻烦您"、"谢谢"、"对不起"、"不好意思"、"过奖了"，等等。

面试时要说普通话，语气从容，吐字清晰；表达要规范，不带口头语；语速、音量要适中。交谈中应学会倾听，且要有所回应，但不打断、不质疑、不辩论。

（五）坐姿端庄

面试时的坐姿可以选择标准坐姿，座位太低时女生也可选择斜放式坐姿。入座、离座要规范，女士穿裙装落座时要注意整理好裙边再坐下。在面试官面前，面试者坐椅子或凳子的1/2至2/3处为宜，以示对面试官的尊敬。女生如果带有手袋，可以放在椅子后面；男士携带的大手袋可以靠放在座位右边。男士的双手应平行搭放在双腿上，女士可手掌交叠轻放在腿上。

（六）表情真诚

面试时，求职者与面试官的关系通常有两种情况：一是"一对一"的关系，即一位求职者面对一位面试官；二是"一对多"的关系，即一位求职者面对多位面试官。

在"一对一"的情况下，求职者的目光要注意：(1)注视对方，目光要自然、真诚，既不要死盯对方的眼睛，也不要东张西望，左顾右盼，显得心不在焉；(2)在谈话过程中双方目光难免会相遇，这时千万不要慌忙移开，应顺其自然地对视几秒钟，再缓缓移开，这样显得心里坦荡，容易取得对方的信任。

在"一对多"的情况下，求职者的目光不能只注视其中的一位面试官，而要兼顾在场的所有面试官。具体方法是，以正视中间面试官为主，并适时地把视线从左至右，再从右至左地来回移动，达到与所有面试官同时交流的目的，避免冷落任何一位面试官。但也不能不停地移动自己的目光。

面试时要面带微笑。真诚、自然的微笑能够向面试官传达真诚、友好、自信的信息，缓和面试过程中的紧张气氛，使你更容易获得面试官的认同。

（七）适时告辞

注意观察面试官结束面试的示意。有些面试官会以起身表示面谈的结束，而有的则用"感谢你前来面谈"等类似的辞令来结束谈话，此时面试者应该意会并适时起身告辞。

即使在求职无望的情况下，面试者也应适时结束谈话，而不应过于申辩，强行"推销"自己。无论结果如何，最后都应面带微笑，感谢面试官，道声"再见"，并轻关房门离去。

三、面试后的礼仪

求职不能只注意面试时的礼仪而忽略面试后的礼仪。面试结束并不意味着求职过程的完结，一定要把事情做完整。

（一）向面试官致谢

为了加深招聘人员对你的印象，增加求职成功的可能性，面试一两天后，你可以给招聘人员打个电话或写封信表示谢意。不管以什么形式，一定要清楚地报出自己应聘的时间、岗位和姓名。如果打电话，要选择对方方便的时间，通话不宜超过5分钟；如果写感谢信，应主要表达谢意，也可增加一些对求职成功有用的事实内容，或尽量修正你可能留给招聘人员的不良印象，但不要超过一页。

（二）电话询问结果

求职者一般不要过早打听面试结果。面试结束后两星期左右，或者面试官许诺的通知时间到了，如果还没有得到任何回音，就应该给负责招聘的人员打电话，询问是否已做出了决定。

思考与任务

一、思考

面试中要注意哪些礼仪？

二、任务

以小组为单位进行以下情景模拟：

雪盛电商公司招聘电商专员，今天将进行面试，公司人事部主任为面试官，有3名应聘者将进行面试。

项目四　雪盛电商公司和魅力服装公司电商代运营合作项目

【知识学习目标】

掌握交往礼仪、接待礼仪的基本规范。
掌握会议礼仪、庆典礼仪的基本规范。
了解公司项目合作中的礼仪应用。

【能力学习目标】

学会商务活动中的握手、介绍、递接名片、交谈、通信等交往礼仪。
学会商务接待中的接站、引导、座次、奉茶等礼仪。
学会会议、谈判、仪式等的筹备和过程中的礼仪。

项目四情景：雪盛电商公司和魅力服装公司将进行电商代运营项目的合作。在合作中，双方进行了相互考察、开会、谈判、签约等活动，项目开始时举行了开张庆典。该项目的完成过程中应用了交往礼仪、接待礼仪、会议礼仪、谈判礼仪、签约礼仪和剪彩仪式等各种礼仪。

子项目1　交往礼仪

子项目1情景：雪盛电商公司给魅力服装公司打电话，想通过电话联系，寻找合作的可能性。在获得同意后，雪盛电商公司来到魅力公司进行考察。双方在交往中应用了称呼礼仪、通信礼仪、握手礼仪、鞠躬礼仪、介绍礼仪等。

技能点1　称呼礼仪

称呼指的是人们在日常交往中所采用的彼此之间的称谓语。在商务交往中，选择正确、适当的称呼，不仅能显示出自身的教养和对对方的尊敬，还体现着双方关系发展所达到的程度和社会风尚。

在商务场合,对别人称呼不得当,就显得有失礼貌,甚至会给自己与他人的相处带来不利影响。恰当合理的称呼往往是成功交往的开始。

一、正确选用称呼

目前运用比较广的称谓方式主要有下面几种。

(一)职务性称谓

职务性称谓是指以交往对象的职务相称,以示身份有别,敬意有加,这是一种最常见的称谓方式。例如经理、李局长、刘院长等。

以职务相称,通常有三种方式,见表 4-1。

表 4-1　职务性称谓

职务性称谓类型	举例
直接称呼职务	董事长、总经理、部长
姓氏＋职务	章总经理、董部长
姓名＋职务	王晓峰部长、李云东总裁

其中,姓名＋职务一般用在十分正式的场合。另外在正式场合,职务也可与"先生"或"女士"连用,例如:主席先生。

(二)职称性称谓

职称性称谓是指以交往对象的职称相称。对于具有职称者,尤其是有高级、中级职称者,在工作中可以直接以其职称相称。例如教授、王教授等。

以职称相称,通常有三种方式,见表 4-2。

表 4-2　职称性称谓

职称性称谓类型	举例
直接称呼职称	教授、工程师
姓氏＋职称	赵教授、陈工程师(陈工)
姓名＋职称	陈力景教授、王云主任

其中,姓名＋职称一般用在十分正式的场合。

(三)学衔性称谓

以学衔作为称谓,可增加被称谓者的权威性,有助于增强现场的学术氛围。可以仅称学衔,如博士;也可以在学衔前加上姓氏,如王博士;还可以在学衔前加上姓名,如王芳博士。在正式场合也可说明其所属学科,并在其后加上姓名,如工学博士李超。

以学衔相称,通常有三种方式,见表 4-3。

表 4-3　学衔性称谓

学衔性称谓类型	举例
学衔	博士
姓氏＋学衔	杜博士
姓名＋学衔	王芳博士

要注意的是,学衔性称谓一般只称呼博士,而学士、硕士不能作为称谓来用。

(四) 行业性称谓

对于从事某些特定行业的人,可以按行业和称谓对象所从事的职业进行称呼。如将医务人员称为医生或大夫,将教师、编辑称为老师等。也可以采用职业加上姓氏或姓名的方式(适用于极其正式的场合),例如王老师、张律师、王强大夫。

以行业相称,通常有三种方式,见表 4-4。

表 4-4　行业性称谓

行业性称谓类型	举例
职业	医生、老师
姓氏＋职业	王老师
姓名＋职业	李芸律师

行业性称谓一般用于大众心目中比较有知识性的职业,如医生、教师等;而一些技术性较强的体力劳动职业,如车工、电工等则不用作称谓语。

(五) 性别性称谓

在商务交往中,尤其是国际商务交往以及其他一些社交场合还有公文、公函中,一般约定俗成地按性别的不同分别称呼"小姐"、"女士"或"先生"等。其中,"小姐"是称未婚女性的,"夫人"是称已婚女性的,而"女士"则是对女性的一种尊称。

以性别相称,通常有三种方式,见表 4-5。

表 4-5　性别性称谓

性别性称谓类型	举例
直接称呼	先生、小姐
姓氏＋性别	王先生
姓名＋性别	张莹女士、王奕先生

有时性别前面还可冠以职务、姓名、头衔等,如总经理先生、怀特夫人、市长先生。

(六) 姓名性称谓

称呼姓名的情况,一般限于同事、熟人之间。具体方法有三种:一是直呼姓名;二是只呼其姓,不称其名,但要在前面加上"老"、"大"、"小"等,如"小李"、"老王"等;三是只称其名,不呼其姓,通常仅限于上级称呼下级、长辈称呼晚辈,或亲密朋友之间使用。

选择称谓不仅要合乎常规,还要照顾被称呼者的个人习惯,要入乡随俗,尊重他人。当不能确定哪种称谓比较适宜时,可使用正式的称谓,也可直接问对方该怎样称呼为好。

二、避免不当称呼

在称呼他人时,一定要避免下面几种失敬的做法。

(一) 错误的称呼

常见的错误称呼是误读或误会。误读,也就是读错姓名。为了避免这种情况的发生,对于不认识的字,事先要有所准备;如果是临时遇到,就要谦虚请教。误会,主要是对被称呼者的年纪、辈分、婚否以及与其他人的关系做出了错误判断。比如将未婚女性称为"夫人",就属于误会。相对年轻的女性,都可以称为"小姐",这样可以避免出现误会。

(二) 不通行的称呼

有些称呼具有一定的地域性,比如山东人喜欢称呼别人"伙计"以示亲切,但南方人认为"伙计"是"打工仔"的意思;又如大陆地区经常把配偶称为"爱人",但在我国港台地区和外国人的意识里,"爱人"是"第三者"的意思。

(三) 不当的称呼

有些称呼不适合在正式的商务场合使用,例如"兄弟"、"哥们儿"等一类的称呼,虽然听起来亲切,但与商务场合的严肃性不相宜。甚至"老板"这样的称呼,在正式场合也显得不伦不类。

(四) 外号的称呼

在商务场合,不管关系如何,都不要自作主张给对方起外号或用外号去称呼对方,更不能随便拿别人的姓名乱开玩笑。这些都是非常失礼的表现。

思考与任务

一、思考

1. 商务礼仪中有哪些种类的称呼?
2. 职务称呼中有哪几种称呼方法?
3. 在商务交往中,哪些称呼不能用?

二、任务

1. 雪盛公司商务部经理王力与魅力公司销售部经理赵燕相约到雪盛公司会议室商谈合作事宜。请模拟两人相见时的称呼、问候场景。

技能点2 通信礼仪

电话是一种常见的通信工具,商务人员洽谈业务、联络客户、处理问题与投诉时都离不开接打电话,因此,电话礼仪也是商务办公礼仪的重要内容。

一、电话礼仪

(一) 拨打电话的礼仪

1. 提前准备

打电话前应准备好要讲的内容和其他需要的资料等,如有必要可列通话提纲;同时确认对方的姓名、电话号码。

2. 选择时间

一般的公务电话最好避开刚上班或临近下班的时间,特别是周一上午和周五下午,最好选在工作日的 9:00~11:00 和 14:00~16:00 期间打电话,这段时间是人们办公效率最高的时间,在这段时间通话更容易引起对方的重视,以便快速收到有效答复。公务电话应尽量打到对方单位,若确有必要往对方家里打时,应注意避开吃饭和睡觉时间。

3. 注意礼仪

接通电话后应先问候对方,并通报自己的姓名、身份:"您好,我是……"通话中要善用"请"字,态度要温和友好。

若你找的人不在,可以请接电话的人转告,但别忘了向对方道一声"谢谢",并问清对方的姓名。即使不要求对方转告也应该说一句:"谢谢,打扰了!"

4. 状态良好

通话时要保持良好的状态,最好面带微笑,通过微笑带动积极的心态和情绪,这样即使对方看不见你,也能从振作的语调中感受到你良好的精神面貌,从而给对方留下一个好印象。

5. 控制时间

电话沟通要简明扼要,每次通话时间尽量控制在 5 分钟内,如果需要较长的通话时间,应在接通电话后第一时间简要说明情况,询问对方是否有足够的时间接听电话,然后再谈。如果有必要可以提前预约通话。

6. 礼貌结束

结束通话时应使用礼貌用语,如"麻烦您了"、"那就拜托您了"、"再见"等,然后轻轻按下话机插簧,再放下听筒。如果对方是上级、长辈或客户的话,可请对方先挂电话。

(二) 接听电话的礼仪

1. 做好通话准备

办公室的电话机旁应常备电话号码簿、电话记录本和记录用笔,以免需要时让对方等待,既拖延了通话的时间,也是不礼貌的行为。

2. 迅速准确接听

现代商务人员业务繁忙,桌上常常会有两三部电话,听到电话铃声,最好在三声之内准确地拿起听筒接听电话。

电话铃声响一声大约3秒钟,若长时间无人接听,或让对方久等,都是很不礼貌的。即便电话离自己较远,听到电话铃声后,如果附近没有其他人,也应用最快的速度赶过去拿起听筒,这样的态度是每个商务人员都该拥有的。如果电话铃响了五声才拿起话筒,应该先向对方道歉:"您好,对不起,让您久等了……"

3. 重要的第一声

接通电话后首先应该亲切问候,然后自报家门:"您好,这里是××公司。"亲切友好的态度和清晰悦耳的声音,会让对方对你所在的单位有一个好的印象。因此,商务人员在接听电话时,应有"我代表单位形象"的意识。

4. 态度热情、谦和

接听电话时,用语应文明、礼貌,态度应热情、谦和。友好、礼貌的言谈会通过电话线传递给对方,甜美的笑容能使你的声音自然变得轻快悦耳,使对方感受到你的可靠与友善,从而为谈话创造良好的氛围。

5. 端正的姿态

接听电话时,要仪态文雅、庄重,电话听筒要轻拿、轻放。通话时应坐姿端正,身体挺直,面带微笑,这样所发出的声音也会亲切悦耳,充满活力。绝对不能一边接听电话一边吸烟、喝茶、吃零食,即使是懒散的姿势对方也能够"听"得出来。

6. 热情代转留言

如果对方请你代转电话,应先问清对方是谁和要找什么人,此时告知对方"请稍等片刻",并迅速找人。如果不放下话筒喊距离较远的人,可用手轻捂话筒或按保留按钮,然后再呼喊接话人。如果要找的人不在,应询问是否需要代转留言,如果需要请记好"5W1H"原则,即 Who(谁)、When(时间)、Where(地点)、What(事情)、Why(原因)、How(如何做),并及时转达。

7. 记录电话内容

要认真倾听对方的来电,不时轻声回应"嗯"、"好"等词,并准确记录电话内容。重要内容最后要进行确认,以免有误。

8. 礼貌结束通话

通话结束时,应使用礼貌的结束语,如"请放心"、"我一定转达"、"再见"等,也可使用

"还有什么事吗?"等询问式的客套话,既是表示对对方的尊重,也是提醒对方的一种方式。

9. 挂电话要讲究

通话完毕后,应请上级或长者先挂电话。同级之间的通话,一般情况下,如果是自己主动打出的电话,应该自己先挂电话;如果是被动接听的电话,可以让对方先挂电话。让主动打出电话的人先挂电话,不仅是一种礼节,更能有效避免对方因为没说完而被挂断。挂电话的正确方式是先按下挂机键,然后再轻轻扣上电话听筒。

二、电子邮件礼仪

电子邮件是通过网络传递文件和信息的联络方式,具有便利、迅速、低成本的优点,如今已成为商务活动的一种主要沟通方式。

电子邮件礼仪的基本原则是要把它当作一般书信来对待,注意的事项包括以下几个方面。

(一)电子邮件的书写

1. 书写主题明确

每一封电子邮件都要注明主题,主题应显示邮件的主要内容,并能吸引对方的注意。因为商务人员每天会收到大量的邮件和信息,如果想要确保自己的邮件被打开阅读,就要在主题中突出关键点或重点,否则就有可能被当作垃圾邮件删掉。此外,邮件主题应尽量写得具有描述性,或者点明与内容相关的主旨大意,让人一望即知,便于对方快速了解与记忆。

2. 内容简明扼要

商务场合的电子邮件内容应力求简明扼要,提高沟通效率。尽量掌握一封邮件一个主题的原则,把每一封电子邮件都看作一个内容一致的信息包,以保证邮件信息的一致性,便于收件人迅速根据邮件内容提炼信息并做出反应。如果同时需要转发多人的话,一封邮件承载过多的信息可能会造成不便或出现泄密的情况。

3. 灵活使用附件

当需要发送的邮件内容太多或包含长篇报告、图片等文件时,可以使用附件的方式发送。这样既便于发信者编辑,也方便收件人阅读、修改。

4. 回复注意主题

给对方回复邮件时,务必注意修改原来的主题。

5. 措辞应用正式

正式的商务邮件不要使用网络语言和笑脸等符号,要和书写信件一样注意措辞和语气。

(二)电子邮件的发送

1. 不泄露其他收件人信息

一封邮件如果要发送给多人,注意不要让所有收件人都互相知道其他收件人的信息,以尊重收件人的隐私。

2. 注明发件人身份

除非是熟识的人,否则收件人一般无法从发件人的邮箱名称解读出发件人到底是谁,因此,注明发件人的姓名、身份是电子邮件沟通的基本礼节。

3. 通知收件人查收

对于有时间限制的事项或者重要的内容,发送邮件后要通过电话、短信等方式通知收件人查收邮件。

4. 注意信息安全

带有隐私或商业机密的邮件要慎发,因为邮件会在硬盘上备份,可能会被他人截获。

5. 发前检查内容

点击发送键之前,务必仔细检查一下内容和文字,特别是对方的邮箱地址,避免出错。

思考与任务

一、思考

1. 拨打电话需要哪些礼仪?
2. 接听电话要注意哪些礼仪?
3. 电话拨打完或接听完应该谁先挂电话?

二、任务

1. 以两人为一组,自拟内容,练习商务人员拨打和接听电话,要注意过程中应遵守的礼仪。

2. 以组为单位,分配角色,进行以下情景的模拟练习:

雪盛公司的商务专员李华打电话给魅力公司的销售部营销员张晶,告知前往魅力公司考察的时间、人数、火车的车次和到达的具体时间。

技能点3 握手礼仪

握手是一项世界性的礼节,也是人际交往、商务场合的一个重要部分。握手是大多数国家通行的见面和离别时的礼节,同时它还含有感谢、慰问、祝贺和相互鼓励等含义。

握手的力量、姿势和时间的长短往往能够表达出对握手对象的不同礼遇和态度,显露自己的个性;也可通过握手了解对方的个性,从而赢得交际的主动。美国著名盲聋女作家海伦·凯勒说:"我接触的手有些拒人千里之外,而有些人的手充满阳光,使人感到非常温暖。"握手的重要性可想而知。因此,商务人员必须学会正确的握手方式。

一、握手的时机

在商务活动的多种场合及日常生活中都会用到握手礼,比如:
1. 在比较正式的商务场合会面及道别时,例如谈判、签约等。
2. 作为东道主迎客及送客时。
3. 被介绍给不相识者时。
4. 拜访合作者、客户等辞行时。
5. 在外面偶遇上司、同事、客户或朋友时。
6. 感谢他人的支持、鼓励或帮助时。
7. 向他人或他人向自己表示恭喜、祝贺时。
8. 应邀参加社交活动见到东道主时。
9. 对他人表示理解、支持、肯定时。
10. 在他人遭遇挫折或不幸表示慰问、支持时。
11. 向他人或他人向自己赠送礼品或颁发奖品时。

二、握手的基本要领

(一)握手姿态

握手的双方应双腿立正,上身略向前倾,右手四指并拢,拇指向上,各自向侧下方伸出,高度大致齐腰,与对方相握后形成一个直角,握着的手上下稍晃动三四次,随即松开,恢复原状(见图4-1)。男士与男士握手是虎口相握(见图4-2);女士与女士握手是手指相握(见图4-3);男士与女士相握时男士应少握一点,只握住女士的手指(见图4-4)。

图 4-1 握手姿态

图 4-2 男士与男士握手

项目四 雪盛电商公司和魅力服装公司电商代运营合作项目 · 69 ·

图 4-3　女士与女士握手

图 4-4　男士与女士握手

（二）握手神态

握手时神态要专注，目视对方双眼，表情亲切自然，身体微微前倾，面带微笑，不卑不亢，落落大方，同时道一声"您好"、"幸会"等问候语。对地位尊贵者，也可伸出双手去握，以示尊敬。

（三）握手距离

握手时双方的距离以一米左右（一臂之长，因高低不同）为宜，距离过大显得不够热情；距离过小会使手臂难以伸直，也不雅观。

（四）握手时间

握手时间的长短可根据握手双方的亲密程度灵活掌握。初次见面者握手一般应控制在 3 秒钟以内，时间过短，会让人觉得你傲慢冷淡，缺乏诚意，态度敷衍；但时间过长，难免尴尬，特别是男士和女士握手。

（五）握手力度

握手时为了表示热情友好，应当稍许用力（2 公斤左右的握力），但也不能太用力，使对方感到疼痛。男士与女士握手不能握得太紧，通常只握住女士的手指部分即可，但老朋友可以例外。

三、握手顺序

握手时应遵守"尊者居前"的原则，即尊者先伸手。在正式商务场合，握手时伸手的先后次序取决于职位和身份的高低；而在社交场合，则主要取决于年龄和性别。具体规则如下：

1. 职位高者与职位低者握手时，职位高者先伸手。
2. 宾主之间，主人待客时，主人应先向客人伸手；来宾告辞时，来宾应先伸手。
3. 长辈与晚辈握手时，应由长辈先伸手。

4. 年长者与年幼者握手时，应由年长者先伸手。
5. 社交场合的先到者与后来者握手时，应由先到者先伸手。
6. 女士与男士握手时，应由女士先伸手（女士优先一般体现在社交场合）。
7. 如对方不伸手，无握手之意，可用点头或鞠躬致意。

四、握手的分类

（一）单手相握

用右手以单手相握，是最常用的握手方式。

1. 平等式握手

这种握手方式是手掌垂直于地面并合握。地位平等的双方常采用这种方式，表示自己不卑不亢的态度。

2. 友善式握手

即把自己的掌心向上与对方相握。这种握手方式能够显示自己谦恭、谨慎的态度。

3. 控制式握手

即把自己的掌心向下与对方相握。这种握手方式会显得人狂妄自大，因此基本不予采用。

（二）双手相握

双手相握又称"手套式握手"，即用右手握住对方的右手后，再以左手握住对方右手的手臂。这种方式适用于亲朋好友之间表达深厚情谊，不适用于初识者或异性，否则会被误解为讨好或失态。

五、握手的禁忌

1. 握手时，另外一只手不要拿着报纸、公文包等东西不放，也不要插在衣袋里。
2. 握手应当依照顺序依次进行。多人握手时不能交叉，要等别人握完后再伸手。
3. 不要戴着手套与人握手。只有女士在社交场合戴着薄纱手套与人握手是允许的，男士无论何时都不能在握手时戴手套。
4. 不能戴着墨镜与人握手，患有眼疾或眼部有缺陷者例外。
5. 不要拒绝与他人握手，也不要用左手与他人握手。若确实不方便握手，如手上有脏污时，一定要诚恳道歉、解释。
6. 不要用脏手与他人相握，也不能在与人握手之后立即揩拭自己的手掌。
7. 握手时不要把对方的手拉过来、推过去，或者上下左右抖个不停。
8. 握手时不宜长篇大论、点头哈腰、滥用热情，显得过分客套。
9. 握手时不能仅仅握住对方的手指尖，也不要只递给对方一截冷冰冰的手指尖。

10. 一般情况下,不能坐着握手。

思考与任务

一、思考

1. 握手的基本要领是什么?
2. 在商务场合握手时,谁先主动伸手比较适宜?
3. 握手的禁忌有哪些?

二、任务

1. 以两人为一小组,按照要领练习握手礼仪的基本动作。
2. 以组为单位,进行以下情景模拟练习:

雪盛公司的商务部经理王力与商务专员李华到魅力公司考察,接待者是销售部经理赵燕和营销员张晶。请模拟双方人员相见时称呼、问候、握手的场景。

技能点4 鞠躬礼仪

鞠躬,本来意为不抵抗,相见时把视线移开,郑重地低下头,告诉对方"我对你没有敌意",后来逐渐演变为用以表示敬意的礼节。

鞠躬几乎适用于一切社交和商务活动场合,在初见的朋友、同事、宾主之间,下级对上级、晚辈对长辈,或者表达对对方的尊敬等,都可以行鞠躬礼;也适用于一些庄严喜悦的场合,如演员谢幕时对观众的掌声常以鞠躬致谢,演讲者也用鞠躬来表示对听众的谢意,等等。

一、鞠躬礼的动作要领

行鞠躬礼时,应面对受礼者,距离约三步,脱帽立正站好,男士双手自然下垂,贴放于身体两侧裤线处,女士双手交叉(右手在上左手在下)放在腹前或两侧,脚跟靠拢,双脚尖微微分开,头、颈、背成一条直线,然后以髋部为轴,将伸直的整个腰背及肩部向前倾15度~90度,视线由对方脸上随身体向下移,而后回复直立姿态(见图4-5)。

图 4-5　鞠躬姿态

鞠躬时，前倾速度要适中，之后慢慢抬头直腰。鞠躬礼毕起身时，应有礼貌地注视对方，面带微笑。前倾幅度越大，表示的敬重程度就越高。具体的前倾幅度视行礼者对受礼者的尊敬程度而定。

二、鞠躬礼在商务场合的运用

（一）15 度鞠躬礼

当与客人、同事等相遇时，应面带笑容，目视对方，行 15 度的鞠躬礼，以表示对客人、同事的礼貌及打招呼，同时用语言向对方问候："您好！"

（二）30 度鞠躬礼

迎送客户时，可行 30 度鞠躬礼，目光从对方脸上随身体向下移，同时用语言向对方表示："欢迎光临！"

（三）45 度鞠躬礼

感谢客户或表示歉意时，可行 45 度鞠躬礼，目光由对方脸上随身体向下移，表情要随着感谢或歉意进行调整，同时用语言向对方表示感谢或歉意。

（四）90 度鞠躬礼

当需要向对方深度感谢时，可行 90 度鞠躬礼，目光同样由对方脸上随身体向下移，同时用语言向对方表示："非常感谢！"

三、鞠躬礼的注意事项

1. 行礼时要目视对方，不可斜视，受礼者同样；礼毕抬起身时，双目有礼貌地注视对方。

2. 受礼者应以与施礼者的上体前倾度大致相同的鞠躬还礼;但上级或长者还礼时,不必以鞠躬还礼,可欠身点头或握手答礼。

3. 鞠躬时应脱帽、立正以示尊重,不能双腿叉开、弯腿屈膝。

4. 不可连续、重复地鞠躬,一次即可。

四、几种错误的鞠躬方式

1. 边看对方边鞠躬,这十分不雅观。
2. 上身不动,只膝盖处弯曲,歪歪头。
3. 头部左右晃动着鞠躬。
4. 驼背式的鞠躬。
5. 鞠躬速度太快。

五、点头礼

(一)点头礼的适用场合

点头礼作为一种见面礼,大多适用于与以下场合。

1. 对方正忙于某事

当对方正在做另外一件事情,无法与其进行交谈时。例如会议或会谈正在进行、对方正与人交谈、行进在人声嘈杂的街道上等场合。

2. 与对方不太熟或不相识

与对方不是很熟悉,不宜进行过多交流与接触时。例如参加同一个会议的并不相识的人员,双方可行点头礼相互致意。

3. 与对方非常熟悉

与对方非常熟悉,或与对方在同一场合中多次见面时。例如自己单位的同事见面、在同一个商务庆典中多次见到同一个人员时,均可采用点头礼。

(二)点头礼的操作要领

1. 点头并目视

行点头礼时,头部应向下稍许点一两下,同时目视被致意者。不能把头高高扬起,用鼻孔"看"人;也不可头部晃动幅度过大,点头不止。

2. 面带微笑

点头时,要注意面带微笑。在商务交往中,微笑可以替代其他见面礼向友人"打招呼"致意。点头微笑既可用于不相识者初次会面之时,也适用于同一场合中反复见面者之间。微笑的要旨是真诚、自然、朴实无华,否则会有悖于与人为善的初衷。

思考与任务

一、思考

1. 鞠躬的基本要领是什么？
2. 鞠躬有哪些种类？分别在什么场合应用？

二、任务

1. 在老师的指导下，全体同学练习各种鞠躬的基本动作。
2. 以两人为一组，相互施礼并相互点评。
3. 模拟雪盛公司的商务部经理王力与商务专员李华到魅力公司考察时，魅力公司门口的礼仪小姐的鞠躬礼和双方公司人员见面时的致意礼。

技能点5　介 绍 礼 仪

　　介绍是人与人相互认识、进行沟通的出发点，它最突出的作用就是缩短人与人之间的距离。在社交或商务场合，如果能正确使用介绍礼仪，不仅可以扩大自己的交际圈，而且有助于实现必要的自我展示、自我宣传目的。

　　商务人士在日常工作中，往往需要会见各式各样的客人，其中相当一部分是不相识的，而介绍就是使不相识的人员在交往活动中相互了解的基本方式。要想彼此认识，最简单快捷的方法就是进行介绍，故介绍是商务交往中必不可少的重要环节。

　　介绍通常有三种方式：自我介绍、他人介绍和集体介绍。

一、自我介绍

　　自我介绍就是在商务或社交场合相遇的某两人或某几人，在无他人从中引见的情况下，把自己介绍给他人，以使对方认识自己。恰当的自我介绍不但能增进他人对自己的了解，而且可以创造出意料之外的商机。但要注意，如果有可介绍你的人在场，自我介绍则被视为不礼貌的。作自我介绍时要注意以下几点。

（一）把握时机

　　作自我介绍要抓住时机，在适当的时间和场合进行。

1. 见面之初

　　当与不认识的人交往时，一见面就要相互作自我介绍。但需要注意的是，见到不是很熟悉的人，也就是曾经有过一面之交的人时，也作一下自我介绍比较好，以免发生万一对方忘记你是谁的尴尬局面。再者，你作完自我介绍后，对方的自我介绍也会使你对其加深了解。

2. 回应之后

先向对方点头致意或主动打招呼说声"你好",得到回应后,再进行自我介绍。如果对方正忙于其他事情或者情绪非常不好,又或者是在私人休息时间、就餐时间等,那便需要等待时机,以免造成自己的尴尬。

3. 先递名片再介绍

如果是比较正式的商务场合,可以先递名片再作自我介绍,这样名片上有的一些内容就可以省略,例如职务、头衔等都不用说了,一目了然,而且可以加深对方的印象。当然,同时也可能获得对方的名片。但如果是一般性的交往,并不准备深交,就没有必要递名片了。

(二)时间简短

商务人员在商务场合作自我介绍时应言简意赅,尽可能地节省时间,以半分钟左右为佳,不宜超过一分钟。如果你递了名片,就不要再过多介绍名片上已有的内容,但在不同场合的介绍可以有所区别。

(三)讲究态度

进行自我介绍,态度一定要自然、友善、亲切、随和,表现得落落大方,彬彬有礼,充满自信,不慌不忙。这样不仅有助于自我放松,而且更容易使对方对自己产生好感。在自我介绍的过程中,语气要自然,语速、音量要适中,表达要清晰,这些都是自我介绍成功的加分项。

(四)真实诚恳

进行自我介绍要实事求是,不可自吹自擂,夸大其词;但也没有必要过分谦虚,一味贬低自己去讨好别人。

(五)内容恰当

自我介绍的具体内容要兼顾实际需要和所处场景而定,应具有鲜明的针对性。根据场合不同,自我介绍通常有以下几种方式。

1. 工作式

适用于商务交往的工作场合,是以工作为自我介绍的中心,因工作而交际,因工作而交友。介绍内容包括本人姓名、单位、部门、职务或从事的具体工作,缺一不可。如:"您好,我叫李欣,是大地房地产公司售楼部的经理。"在介绍的时候,第一次提及单位时要用全称,不能用简称,后面谈话中再提到的时候才可用简称。姓名介绍也要用全名,不能说:"我姓王,叫我小王好了。"报全名是对对方的一种尊重和信任,也更容易使对方加深对自己的印象。

在工作式的自我介绍中,如果你有一定的职务,不必客气、谦虚,一定要报出。如果职务较低或者无职务,则可报出目前所从事的具体工作。

2. 应酬式

适用于某些公共场合和一般性的社交场合,如途中邂逅、宴会、舞会等。它的使用者主要是进行一般接触的交往对象,故介绍内容要少而精。这种自我介绍最为简洁,往往只包括姓名一项即可。例如:"你好,我叫王力。""你好,我是张晓堂。"

3. 交流式

适用于社交活动中,它是一种刻意寻求与交往对象进一步交流与沟通,希望对方认识自己、了解自己,与自己建立联系的自我介绍方式。它大体应包括介绍者的姓名、工作、籍贯、学历、兴趣及与交往对象的某些熟人的关系等。如:"你好,我叫张文,在东韵服装公司工作。我是××的同学,都是××人。"因为目的在于交流沟通,故可以比较详细地介绍自己。

4. 礼仪式

适用于讲座、报告、演出、庆典、仪式等一些正规而隆重的场合。礼仪式介绍的内容包括姓名、单位、职务等,同时还应加入一些适当的谦辞、敬辞,以示自己礼待交往对象。

5. 问答式

适用于应试、应聘和公务交往。问答式的自我介绍应当是有问必答,问什么就答什么。在普通交际应酬场合也时有所见。例如,对方发问:"这位先生贵姓?"回答:"免贵姓李,木子李。"

二、他人介绍

在商务活动中,经常需要为他人之间架起人际关系的桥梁。他人介绍,又称第三者介绍,是经由第三者为彼此不相识的双方引见、介绍的一种介绍方式。他人介绍通常是双向的,即将被介绍者双方各自均作一番介绍。有时,也可进行单向的他人介绍,即只将被介绍者中的某一方介绍给另一方。

决定为他人作介绍,一定要审时度势,熟悉双方情况。首先要了解双方是否有结识的意愿,不要贸然行事,以免造成不必要的尴尬。如有可能,在为他人作介绍之前,最好先征求一下双方的意见,以免为原本相识者或关系恶劣者去作介绍。

(一) 他人介绍的顺序

在为他人作介绍时,介绍顺序很关键,先介绍谁后介绍谁是一个比较敏感的礼仪问题。介绍的顺序不能弄错,不然也是对别人的不尊重。

根据规范,介绍他人时必须遵守"尊者有优先了解权"的规则,即在作介绍前要首先弄清被介绍双方身份地位的尊卑,按照先卑后尊的原则,让尊者先了解情况,在交际应酬中掌握主动权。

根据这一规则,为他人作介绍时的顺序大致有如下几种情况:

1. 在上级与下级之间,先介绍下级,后介绍上级。
2. 在长辈与晚辈之间,先介绍晚辈,后介绍长辈。

3. 在主人与客人之间,先介绍主人,后介绍客人。
4. 在先来的与后来的客人之间,先介绍后来者,再介绍先到者。
5. 在女士与男士之间,先介绍男士,后介绍女士。
6. 在年长者与年幼者之间,先介绍年幼者,后介绍年长者。

(二)他人介绍的方式

掌握介绍的顺序后,就可以正式为他人作介绍了。由于实际情况不同,为他人作介绍的方式也不尽相同,一般有以下几种。

1. 标准式

标准式介绍适用于商务场合的交往活动。介绍的内容仍然是姓名、单位、部门、职务。如果场合非常隆重,其语气、表达、称呼都要更为规范和谦恭。例如:"方先生您好,请允许我把深圳里格公司的执行总裁董亮先生介绍给您。"

2. 推荐式

介绍者经过精心准备后,再将某人举荐给另一人,介绍时通常会对前者的优点加以重点介绍。推荐式介绍通常适用于比较正规的场合。例如:"这位是王宜先生,这位是××公司的总经理陈晨。王宜先生是经济学博士、管理学家,曾经在美国的公司有工作经历。陈总,不知您是否有兴趣和他聊一聊。"

3. 礼仪式

礼仪式是最为正规的他人介绍方式,适用于正式场合。其语气、表达、称呼都更为规范和谦恭。例如:"孙小姐,您好!请允许我把××公司的公关部经理赵刚先生介绍给您。""赵先生,这位是××公司人力资源部经理孙敏小姐。"

其他还有引见式(将双方引到一起即可)、简单式(只介绍姓或姓名)等介绍方式。

(三)他人介绍的注意事项

1. 介绍者为被介绍者作介绍之前,一般要征求一下被介绍双方的意见,切勿上去开口即讲,显得很唐突,让被介绍者感到措手不及。
2. 被介绍者在介绍者询问自己是否有意认识某人时,一般不应拒绝,而应欣然应允;如果实在不愿意,则应说明理由。
3. 在介绍他人时,应采用横摆式手势指示被介绍一方,左手、右手均可(见图4-6)。但绝对不能用手指指点他人。

图 4-6　他人介绍示意图

4. 介绍时,介绍人和被介绍人都应该起立,以示尊重和礼貌。被介绍双方一般应该面带微笑,目视对方。心不在焉看其他方向是对对方的不尊重。

5. 当介绍者介绍完毕后,被介绍双方应微笑点头示意,互相问候:"您好！很高兴认识您！""认识您非常荣幸！"并应依照合乎礼仪的顺序握手致意,也可互递名片。如果被介绍双方相隔较远,可举起右手致意或点头微笑致意。

6. 如果招待的客人不止一方,主人应该把主宾介绍给所有其他宾客。如果遗漏了应该介绍的宾客,则是失礼的行为。

三、集体介绍

集体介绍是他人介绍的一种特殊形式,它是指介绍者在为他人作介绍时,被介绍者其中一方或者双方不止一人,而是许多人的情况。集体介绍的内容基本上与他人介绍的内容无异,不过要求更准确、更清晰。集体介绍的顺序基本参照他人介绍的顺序进行。但是集体介绍的情况较复杂,必须强调的一点是,越是正式、大型的活动,对集体介绍的顺序就越不能马虎。

(一) 单向介绍

在演讲、报告、会议等场合,往往只需要将主角介绍给广大参加者,即通常由主持人向与会者介绍报告人或演讲人的情况,而没有必要一一介绍广大参加者。

(二) 强调地位、身份

如果被介绍双方人员地位、身份之间存在明显差异,特别是当这些差异表现为职务、年龄等明显区别时,要先介绍身份、地位较低的一方,后介绍职位高的一方,而不管双方人数的多少。

(三) 少数服从多数

少数服从多数是指当被介绍者双方地位、身份大致相似或者难以确定时,应当使人数较少的一方礼让人数较多的一方,先介绍人数较少的一方,后介绍人数较多的一方。例如,当新加入集体的成员初次与集体里的其他成员见面时,负责人要先将他介绍给集体,然后再向他介绍集体的主要成员。

(四) 多方的介绍

当被介绍的人员有两方以上时,需要对被介绍的各方进行位次排列。排列的具体方法可用如下几种:

1. 以其负责人的身份高低为准。
2. 以其单位的规模为准。
3. 以单位名称的英文字母顺序为准。
4. 以抵达时间的先后为准。
5. 以座次顺序为准。
6. 以距离介绍者的远近为准。

进行多方介绍时,应本着先尊后卑的原则,依次进行介绍,即先介绍位尊者,后介绍位卑者。若时间允许,还应在介绍各方时逐一介绍其各个成员;若时间不允许,则不必介绍具体成员。

在对谈判双方人员进行介绍时,应先从主场一方的职位高者开始介绍,再用同样的次序介绍客场一方。例如应先介绍谈判代表团的团长、副团长,然后再介绍代表团的其他成员。

思考与任务

一、思考

1. 什么情况下需要作自我介绍?什么情况下需要介绍他人?
2. 自我介绍时内容越多越好吗?
3. 为两人作介绍时,先介绍哪一方?
4. 介绍他人时,手势、表情、语言应怎样把握?

二、任务

1. 以组为单位,分别自拟商务身份,练习自我介绍和介绍他人的语言、表情及手势。
2. 雪盛公司的商务部经理王力与商务专员李华到魅力公司进行考察。王经理在初次见到魅力公司公关部的谢晓晓部长时,双方进行了自我介绍。请以小组为单位模拟该情景。

技能点6 名片礼仪

名片是商务交往中经常用到的工具,商务人员在各种场合与他人进行交际应酬时,都离不开名片的使用。名片可以表示持有人的身份,记载其联系方式,方便初次见面的人们相互认识和将来再联络。名片已经成为现代交际中的一个重要的沟通媒介,有人甚至把名片称为另一种形式的身份证。

名片虽小,但它在商务交往中的作用是非常重要的。名片的使用是否正确,已成为影响人际交往成功与否的一项因素。名片在递送、接受、存放时也要讲究礼仪。如果名片使用不当,将会造成意想不到的损失。

一、名片的种类

(一)根据名片的使用性分类

1. 商用名片

商用名片是指公司或企业人员在商务活动中所使用的名片。这种名片的使用大多以赢利为目的。其主要特点为:(1)名片上印有企业标志或注册商标;(2)大公司通常有统一的名片印刷格式;(3)主要用于商业活动。

2. 公用名片

公用名片是指政府或社会团体在对外交往中所使用的名片。公用名片的主要特点为:(1)没有统一的名片印刷格式,名片印刷力求简单实用;(2)注重个人的头衔和职称;(3)主要用于对外交往与服务。

有些公司还经常使用一种单位名片,上面只印有单位全称及其标志和联络方式,主要用于对外服务或宣传。

3. 个人名片

个人名片是普通人在工作以外的场合交流感情、结识新朋友时所使用的名片。个人名片的主要特点为:(1)名片不使用单位标志;(2)名片设计个性化,可自由发挥;(3)主要用于交际场合。

(二)根据名片的排版格式分类

1. 横式名片

横式名片是指以宽边为底、窄边为高的方式印刷的名片。横式名片是目前使用最普遍的名片格式。采用横式排版的名片,行序由上而下,字序从左到右。

2. 竖式名片

竖式名片是指以窄边为底、宽边为高的方式印刷的名片。竖式名片因其排版复杂,可参考的设计资料不多,因而适于个性化的名片设计。

3. 折卡名片

折卡名片是指可折叠的名片,它比正常名片多出一半的信息记录面积。折卡名片的排版特殊,制作较为复杂,因此在日常交往中使用较少。

二、名片的内容

名片直接承载着个人及企业的信息,担负着社交重任。使用性不同的名片,其内容也不尽相同。公用名片、个人名片主要要写清单位名称、个人姓名、身份职务等。商用名片是商务交往中主要使用的名片,下面就商用名片的内容进行介绍。

(一)姓名

姓名是名片中最重要的部分,一般而言都使用本名。

(二)职务

应标明最重要的或最主要的一至两项职务,而对于其他名誉或次要职务,则不需要一一列举,否则会给人华而不实的感觉。由于各类社会团体较多,加入社团又可增加无数商机,因此,持名片人可能有多种头衔,如××理事、××委员、××顾问等,如果有必要,可以根据需要制作不同的名片来标明不同的职务,以便在不同场合使用。

(三)学位和职称

学位和职称是学历与资历的象征和证明,一旦获得就可以终生享用。高学位和高职称一般都可以在名片上标明。到目前为止,最值得搬上名片的学位是博士,最值得搬上名片的职称是教授等正高级职称。

(四)公司名称

商用名片都必须印有单位名称,且要注明公司或企业的全名,而不能只写简称或缩写代码。如果一个人从事两种以上的行业,可以都印在名片上。

(五)公司地址

一般而言,公司的地址是名片中的必备内容,有时还可加印分公司的地址,以显示公司的规模庞大。现在电子资讯发达,很多公司也会将公司的网站印于名片上,这也属于地址的一种。

(六)联系方式

在名片中应标注最主要的办公联系电话和传真号码。电子邮件地址也可作为联系方式印到名片上,手机号码则可根据情况决定是否注明。

(七)商标或服务标志

现代企业十分注重品牌形象,大都会在名片中印上自己单位专属的商标或服务标志,以增强对方对本企业或公司的印象。

三、名片的制作

名片制作得是否规范,往往会影响交往对象对自己的看法,进而影响双方的进一步交流与合作。一张粗制滥造的名片显然不会让人对名片主人产生什么好感和接近之意。商务人员在订制名片时,应当对下述问题予以关注。

(一)规格材料

目前我国通行的名片规格为9厘米×5.5厘米,而在国际上较为流行的名片规格则为10厘米×6厘米。一般情况下,商务人员应以前一种标准订制名片。如果参与的商务活动多为涉外性质,则可采用后一种规格。若无特殊原因,不必制作过大或过小的名片,更没必要将名片做成折叠式或书本式。

名片通常应以耐折、耐磨、美观、大方、便宜的纸张作为首选材料。将纸质名片烫金、镀边、压花、过塑、熏香,对于商用名片也是不合适的。

(二)色彩图案

商务人员一般应选用单一色彩的纸张制作名片,且以米白、米黄、浅蓝、浅灰等庄重朴实的色彩为佳,不宜选用过多过杂及过艳的色彩。

一般而言,除了本单位有象征性的标志图案外,名片上不宜添加任何没有实际效用的图案。标志图案也不可印得过大或过于突兀。

(三)文字版式

商务人员所使用的名片,在正常情况下应采用标准的汉字简化字印制,如无特殊原因,不得使用繁体字。从事涉外工作的商务人员则可酌情使用外语。汉字与少数民族文字或外语同时印刷时,应将汉字印于一面,而将少数民族文字或某种外文印于另一面。不要在同一面上混合使用不同文字。以汉字印刷名片时,一般采用楷体或仿宋体,尽量不要采用行书、草书、篆书等不易辨认的字体。同一枚名片上,既可以两面均印有文字不同而本意相似的内容,也可以空出一面,而只在一面印有内容,或反面可印单位的业务范围、地图位置、乘车路线等。两面的内容相同时,不可使其一为横式、一为竖式。

四、使用名片的礼仪规范

如今名片已成为商务人员交往的重要工具。名片的交换是名片礼仪中的核心内容,它不仅能反映个人的修养,也是对交往对象尊重程度的直接体现。因此,在名片的递送、接受、存放等环节,都应注意其中的礼仪规范。

(一) 名片的携带

商务人员参加正式的商务活动或交际活动之前,应随身携带自己的名片,以备交往之用。携带名片时应注意以下三点。

1. 足量适用

商务人员要根据当天活动的情况携带数量充足的名片。如果具有几种名片,一定要分门别类,根据不同交往对象使用不同名片。

2. 完好无损

所带名片要干净整洁,不可有折皱、污损及涂改的情况。

3. 放置到位

名片应统一置于名片夹、公文包或西服上衣内口袋中,切不可放在钱包、裤袋之内。放置名片的位置要固定,以免需要时东翻西找,影响自己的形象。

(二) 名片的递送

商务人员在递送名片时,要注意以下几个要点。

1. 把握时机

递送名片要掌握适宜的时机,一般应选择初识之际,自我介绍或经人介绍之后进行,也可在分别之际递送。但不要在用餐、看晚会、跳舞等时间、场合递送名片。

2. 讲究顺序

一般应当首先由职务较低者向职务较高者递送名片。当对方不止一人时,应先将名片递给职位较高者或年龄较大者,或依照座次、顺时针等顺序递送,切勿跳跃式地进行,以免对方误会你有厚此薄彼之嫌。

3. 先打招呼

递名片前,应先向对方打个招呼或者问候一声,待对方有所回应后再递名片;也可边作自我介绍边递名片。要避免名片递出而对方还在忙自己事情的尴尬场面。

4. 规范递交

递交名片这一过程,应当表现得郑重其事。向对方递送名片时,应面带微笑,注视对方,上身稍前倾,将名片的正面朝向对方,用双手的拇指和食指分别握持名片上端的两角,平行或者下斜15度送给对方(见图4-7和图4-8)。如果是坐着的,应当起立或欠身递送,递送时可以说一些"我是××,这是我的名片,请笑纳"、"我的名片,请您收下"、"这是我的名片,请多关照"等礼节性的话语。递交名片的整个过程应当谦逊有礼,切勿以左手握持名片递出。

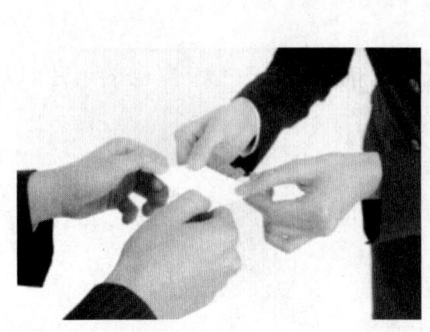
图 4-7 名片递交(1)

图 4-8 名片递交(2)

(三) 名片的接受

接受名片时应注意以下几个方面的礼仪。

1. 态度谦和

接受他人名片时,要暂停手中事情,并起身或欠身,面带微笑注视对方,恭敬地用双手的拇指和食指接住名片的下方两角;如果在特殊情况下只能用单手去接,至少也要用右手,而不得使用左手。接过名片时要向对方致谢。

2. 认真阅读

接过名片后,要从头至尾将名片认真默读一遍,意在表示重视对方,遇到不能确认的生僻字时应主动向对方请教。根据需要,还可以将名片上重要的内容读出来,一般需要重读的是对方的职务、头衔、职称,以示尊重和敬佩。

3. 有来有往

接受了他人的名片后,一般应当即回赠给对方一张自己的名片。没有名片、名片用完了或者忘带时,应向对方做出合理解释并致以歉意,切莫毫无反应。

4. 存放名片

接过别人的名片后切不可随便地塞在口袋里或丢在包里,而应将其谨慎地放进名片夹、公文包或上衣口袋内。如果暂时将名片放在了茶几或桌子上,切忌在上面放置其他物品,离开之前务必将其收好。注意不能把别人的名片放在手里把玩、折叠,更不能在上面写字。

(四) 索要名片

商务人员若想主动结识对方或出于其他原因需要索取对方名片时,一般可伺机采取下列办法。

1. 交易法

交易法适用于不熟的人之间。在主动递上自己的名片后,按常理对方会回赠一张自己的名片。如果担心对方不回送,可在递上名片时明言此意:"能否有幸与您交换一下名片?"

2. 谦恭法

谦恭法适用于面对长辈、名人、地位较高者时。具体做法是首先对对方表示钦佩,并表达想向对方请教的想法:"很想将来能向您请教,不知道能否有幸跟您交换一下名片?"

3. 明示法

这种办法适用于比较熟的人之间。如果你跟对方比较熟,但好长时间没见了,或者因为他换了单位、变了职务,在见面时你可以明确表示索要或交换名片之意。

面对他人的索取,商务人员一般不应直接拒绝,这样会令对方尴尬。如果确需这样做时,可委婉地说"对不起,我忘了带名片"或者"抱歉,我的名片用完了"之类的话语。若本人没有名片又不想明说时,也可以用这种方法表述。

五、名片的存放与管理

名片在商务活动中是非常重要的工具。当向他人递送自己的名片后,往往也会收到对方的名片,这些名片都是很有用的联络资料,应进行合理有效的存放和管理,以使其发挥应有的作用。

(一) 名片的放置

随身携带的名片一般应放置在专用的名片夹里,男士穿西装时,可将名片夹放在西装的左胸内侧口袋里。对于收到的他人名片,回到办公室后,应将其放入专用的名片簿,以便随时使用。

(二) 名片的管理

当收到他人的名片越来越多时,就要分类存放,这样查找起来才会方便。例如可按姓氏笔画为序分类、按照国别或地区分类、按照专业或部门分类,等等。

名片不是存而不用的摆设,而是一种社交工具。鉴于外界的情况在不断地变化,你可以在名片上随时记下有关的变化情况,如升迁调任、职业变动、电话号码与地址的改变等,以便通过名片掌握每位客户、每个朋友的真实情况。每一张名片都犹如一本记事册,在上面可以记下许多可供参考的资料。

六、名片的其他妙用

名片除了在第一次见面互相认识时使用外,有时还可用在留言、邀请、祝贺、道谢、吊唁等特殊场合。

1. 替代留言条

去拜访客户或朋友时,如果对方不在,可将名片留下,客户或朋友回来后看到名片,就知道你来过,并可以通过名片上的联络方式与你联络。

2. 替代请柬

把注有时间、地点的名片装入信封发出,可以代表正规请柬,比口头或电话邀请显得正式。

3. 替代贺卡

向客户或朋友赠送小礼物时,如让人转交,可随带名片一张,并附几句恭贺之词,无形中使关系又深了一层。

4. 替代慰问信

客户或者朋友家中发生了大事,不便当面致意,可寄出名片一张,省时省事,又不失礼。

思考与任务

一、思考

1. 你认为名片有什么作用?怎样能取得对方的名片?
2. 出席较大型的正式商务场合,携带名片应注意什么?
3. 假如两人职务高低不同,递名片时应该谁先递?
4. 怎样递接名片?递接名片时应该注意什么?

二、任务

1. 以两人为一组,进行递接名片的基本动作练习。
2. 以组为单位,进行以下情景的模拟练习:

通过电话联系,征得魅力服装公司同意后,雪盛电商公司的电商部经理王力带领商务专员李华到魅力公司进行考察,接待人员是魅力公司公关部的谢晓晓部长,随后谢部长把二位客人引领到销售部经理赵燕的办公室。请各组模拟接待时的情景。在模拟中要注意表情、站姿、行姿、坐姿、指引方向的手势及入座离座等仪态,同时应用称呼、握手、介绍及名片礼仪。

技能点7 交谈礼仪

交谈,即语言交流,是人们为了实现某种目的而在一定的语境中以口头形式运用语言进行沟通的一种活动。这种活动主要是利用有声的自然语言符号系统,通过口述和听觉而实现的。人与人之间可以通过对话来交流思想,与书面形式的语言活动相比,交谈的表达更为直接、生动和形象,也更便于对方接受与理解。随着人类社会的发展,交谈已成为政治、外交、科学、教育、商贸、公关等各个领域中极为重要的、不可缺少的一项语言活动。

在工作和生活中,语言交流不仅帮助人们传递信息、交流思想,而且还帮助人们增进了解、加深认识。"言为心声"即是说语言是一个人内心世界的反映,也是一个人品德修养、文化水平及其个人志趣的表露。语言交流在塑造人的形象方面起着不可低估的作用。所以,强化语言方面的修养,学习、掌握并运用好交谈的礼仪,是至关重要的。

一、交谈礼仪的功能

(一)交谈可以进行感情的表达

交谈是连接人与人之间思想和感情的桥梁,是增进友谊、加强团结的一种动力。"良言一句三冬暖,恶语伤人六月寒。"说明交谈在交往中的作用是举足轻重的。善于交谈的人更容易广交朋友,为社会增添和谐。

(二)交谈可以进行信息的交流

在工作和生活中,多和有思想、有修养的人交谈,就能学到很多有用的知识。所谓"与君一席谈,胜读十年书",就是对交谈意义的深刻总结。英国文豪萧伯纳曾经说过:"你我是朋友,各拿一个苹果,彼此交换,交换后仍各有一个苹果;倘若你有一种思想,我也有一种思想,而朋友相互交流思想,那么我们每个人就有两种思想了。"可见,与人交谈可以交流思想,增强处理问题、解决问题的能力。

(三)交谈可以影响人际关系

恰当的交谈可以使不熟悉的人熟悉起来,可以使长期形成的隔阂即刻消失,甚至企业之间、社会团体之间、国家之间的矛盾有时也可以通过它来解决。当然,不适当的语言也可能引起矛盾,导致交际的失败,甚至损害自身及团体的形象和利益。

二、交谈的基本原则

(一)相互尊重

交谈是双方思想、感情的交流,是双向的互动。在交谈中,来自对方的尊重是任何人都希望得到的,交谈双方无论地位高低、年纪大小、辈分长幼,在人格上都是平等的。所以,交谈时,要把对方视为平等的交流对象,在心理、用词、语调等各个方面体现出对对方的尊重。在交谈中应尽量使用文明礼貌用语,谈到自己时要谦虚,谈到对方时要尊重。恰当地运用敬语和自谦语,可以显示出个人的修养、风度和礼貌,有助于交谈的成功。

(二)真心实意

真诚是做人的美德,也是交谈的基本原则。真心实意地交流是自信的结果,也是信任别人的表现。只有用自己的真情激起对方感情的共鸣,交谈才能取得满意的效果。所以交谈双方要真心实意地对待交谈的主题,直抒胸臆,坦诚地表达各自的观点和看法。

三、交谈的技巧

在我们的社会交往中,合理运用社交语言的技巧,往往可以使人与人之间的交流达到更好的效果。交谈的技巧主要体现在以下几个方面。

(一)交谈的声音

交谈的声音在与人交往时有着举足轻重的作用。要想使自己的声音有吸引力、耐听,就要塑造出美丽的声音。同样的话语,以不同的声音说出,其效果可能就大不一样。交谈时的声音要注意以下几点。

1. 口齿清晰

把话说清楚是有效交谈的前提。口语的特点是传播速度快,留在人们记忆中的时间比较短暂,容易模糊,这就要求人们在交谈中要口齿清晰,尽量使用精练、通俗的语言,避免使用似是而非、晦涩难懂的语言。表达要力求简单明了,尽量少使用长句子,多使用短句子,注重中心词的选择。并且要讲普通话,尽量少用方言土语。

2. 高低和谐

有的人讲话习惯保持同一个音调,时间长了,就会使听的人昏昏欲睡,打不起精神,这样再精彩的内容也难以引人入胜,既影响表达效果,也不利于交往。说话不要有太多的尾音,每个音节之间应有恰当的停顿,即讲究声音的抑、扬、顿、挫,做到强弱得当,高低和谐。

3. 语速适中

交谈时应该保持适当的语速,语速过快或过慢都会影响交谈的效果;而语速无变化的声音是单调的,如同催眠曲,会使人进入精神抑制状态。可以在重要的词句上适当放慢语速以示强调,在一般的内容上可稍微加快语速。说话的音量和音调也应随着内容和情绪的变换而有所变换,但是不可忽快忽慢。

4. 音量适度

太大的声音会让人反感,给人装腔作势的感觉;音量太小又会使人听不清楚,显得怯懦、不自信。一般来讲,要根据听者的远近,适当控制自己的音量,最好控制在对方听得清楚的限度内;在办公室里还有其他人的时候,谈话双方一定要压低声音,不干扰与此无关的人。

(二)交谈的目光

俗话说:"眼睛是心灵的窗口。"一个人的喜怒哀乐,为人聪慧还是愚钝,都能从目光中流露出来。所以,在交谈时,不可忽略目光的作用。

交谈中,眼睛要看着对方,全神贯注,聚精会神。在注视对方的同时,把自信和真诚通过眼神传达给对方,表现出对对方的尊重。并且根据交谈对象、交谈场合等的不同,适时调整自己目光注视的范围。

在用自己的目光帮助表情达意的同时,也可以通过对方的眼神了解其情绪和感觉。

(三) 交谈的举止

诚恳的态度能使人感到亲切自然,容易被人接受。为了表示诚恳的态度,举止一定要配合。在商务活动中,坐姿要端正。头懒散地靠在沙发背上、大腹便便地叉开腿坐着,类似的姿态都是不合适的。

谈话时可以用适当的手势加强语气,帮助表达。谈话范围越小,手势的幅度就越小,且频率不宜过高,以免让人觉得心烦,分散注意力。

注意控制手的小动作。不要用笔敲击桌子、笔记本,或像表演杂技一样把笔放在手指上不停地旋转。还有人喜欢玩弄钥匙串、掏耳朵、剪指甲……在谈话中,这些多余的动作都会影响听者的注意力,是不合适的。

(四) 交谈的礼仪

在商务活动的交谈中,应以对方为中心,做到处处礼让,尊重对方。要少说多听,不要始终一人独白,只管自己尽兴而不让他人有发言机会。在交谈中应做到以下几点。

1. 不打断对方

在对方讲话时,尽量不要中途打断插嘴,这样不仅会干扰说话者的情绪,破坏气氛,而且会给人留下你目中无人、自以为是的印象。如果确实需要发表意见,也要等对方把话说完。如果遇到你和对方同时开口说话的情况,要注意礼让。互谅互让是交谈基本的礼仪。只有上级对下级、长辈对晚辈时,身份高者才可打断对方。

2. 不补充对方

只要不是涉及原则的问题,就不要去补充对方。因为人们身份不同,知识构成也不一样,所以其看问题的角度往往也有所不同。尊重对方就要尊重对方的选择,不要随便去补充对方。补充对方的结果无非是显得自己比对方懂得多,而这对商务活动中的交流来说是没有必要的。

3. 不质疑对方

对别人说的话不要轻易表示怀疑。质疑对方并非不行,但是不可当面质疑,这点很重要,否则就是自找麻烦。质疑对方,实际是对其尊严的挑衅,是一种不理智的行为。在人际交往中应尽量避免这样的问题。

4. 不纠正对方

与对方交谈时,不要随便对对方的结论进行否定。"十里不同风,百里不同俗。"不同国家、不同地区、不同文化背景的人考虑同一问题,得出的结论未必一致。一个真正有教养的人应该懂得尊重别人。除了涉及大是大非的问题必须旗帜鲜明地否定以外,对于人际交往中的一般性问题,不要随便与对方争是或不是,不要随便去评判对错,因为对与错往往是相对的,有些问题很难说清谁对谁错。

5. 不挖苦对方

所谓挖苦,就是在交谈中使用尖酸刻薄的话去讥笑嘲弄别人。在任何情况下,交谈之中用语刻薄,或者跟对方开过头的玩笑,均为失礼之举。

(五) 交谈中的倾听

在与人交谈的过程中,倾听起着十分重要的作用。认真倾听对方的谈话是尊重对方的表现,善于倾听对方的谈话也能有效提高交谈的效果。

那么,在交谈中,"说话"与"倾听"应各占多大比重呢?按我国演说家李燕杰的说法:"听是说的一半。"一般学者普遍认为,"倾听"的比重应占40%~45%,"说话"的比重应占20%~30%,其余的时间可以用肢体语言来补充,以求相得益彰,和谐互动。当然,这只是一种把握"倾听"的度的原则,而在相当多的情况下,可因人而定,因情境而定。

1. 面带微笑

人们常说:"没有笑脸,不要开店。"微笑会使两个陌生人成为朋友。当你和别人交谈时,发自内心的微笑和眼中流露出的热情就是一种无声的语言,这种无声的语言会百分之百地提升你的形象,改善你与交谈者之间的关系。

2. 适时赞同

赞成对方所说的话时,可以轻轻地点一点头,表示赞许;对对方所说的话感兴趣时,要展露一下你的笑容。在交谈过程中,时常用身体语言或以"嗯"、"是"等话语表示认可,可以使对方感到心情愉快,增强谈话的效果。

3. 不要插话

我们都知道,思维的速度要比讲话快许多。别人讲话不连贯,一下子找不到合适的词时,千万不要插嘴。这种帮助一点也不会让人高兴,反而会让对方感到很难为情,因为这反映出他的思维反应不够快。

4. 不要争辩

不要感情用事地和别人争辩或有心理上的抵触情绪,这是专心倾听别人讲话的障碍。

(六) 交谈中的礼貌用语

礼貌用语是尊重他人的具体表现,是建立友好关系的敲门砖。在交谈中,尤其是在商务场合及社交场合的交谈中,恰当使用礼貌用语不仅表示对别人的尊重,也能显示出自己有很好的礼仪修养。因此,多用礼貌用语,有利于使交流的气氛融洽,从而取得更好的沟通效果。

1. 常用的礼貌用语

(1) 问候语

问候语是用于见面时的问候,如"您好"、"早上好"。

(2) 告别语

告别语用于分别时的告辞或送别,如"再见"、"晚安"。

(3) 答谢语

答谢语的应用范围很广,有些表示对对方的感谢,如"非常感谢"、"劳您费心";有些表示向对方的应答,如"不必客气"、"这是我应该做的"。

（4）请托语

请托语常用在向他人请求时,如"请问……"、"拜托您帮我个忙"。

（5）道歉语

做了不当或不对的事时,应该立即向对方道歉,说:"对不起!""实在抱歉!"

（6）征询语

要为他人提供服务前,应使用征询语,如:"需要我帮忙吗?""我能为您做些什么吗?"

（7）慰问语

慰问语表示对他人的关切,如他人劳累后,可说:"您辛苦了!"去看望病人时,可说:"望您早日康复!"

（8）祝贺语

当他人取得成果或有喜事时,可说:"恭喜!""祝贺!"

（9）礼赞语

对人或事表示称颂、赞美时,可说:"太好了!""美极了!""讲得真对!"

2．用词要文雅

与人交谈时用词要文雅,杜绝蔑视语、烦躁语、斗气语。有些话,意思差不多,说法不同就会给人不一样的感觉。比如,请对方让开一点儿,可以用"劳驾借光"、"请让一下"、"躲开"、"靠边儿"等不同方式来表达,其中第二句最体现修养。

有些话,用词文雅些,既讨人喜欢,也动听许多。比如"你找谁"就不如"您找哪一位"婉转；"我来不了"就不如"真对不起,我确实不能来"诚恳；"不行就算了"就不如"如果觉得有困难的话,那就不麻烦您了"妥帖。

3．"五不说"原则

（1）不说脏话

任何人都希望得到别人的尊重,如果遭到他人言辞上的污蔑和攻击,每个人都会不由自主地想用语言进行还击。人们在日常生活中之所以会造成一些不和谐,也大多与出言不逊有关。因此,要学会说话,首先应该在言辞上注意不说脏话。脏话最容易把人激怒,而人只要一发怒,沟通就难以进行了。

（2）不说气话

无论在何种场合、对任何人,说气话都会让对方难以接受。所以,交谈时不宜带不满情绪,尽量不要说气话。如果对方说了气话,我们也应从友善的角度出发,在语言上给以劝慰。

（3）不说"官"话

不要仗着自己的职务比对方高、工龄比对方长,而在与对方交谈时拖腔拉调,甚至以势压人。应该把自己摆在与对方同等的位置上,以商讨的语气、温和的语调和容易被对方接受的言辞与其交谈。

（4）不说假话

说实话、道真情,与人赤诚相见,是一个人美好道德品质的体现。那些爱说假话的人在人际交往中是很难获得别人的信任的。因此,一定要以心换心,说真话、讲实情,切忌用花言巧语去欺骗对方。

(5) 不揭隐私

隐私是指人们不愿公开的事情。你若公开了对方不愿告人的事,就是对对方人格最大的不尊重,也最容易伤对方的心。至于那些把别人的隐私当作谈资而随意散播的做法就更不可取了。

(七) 交谈的内容

古希腊伟大的思想家亚里士多德曾经指出:"交谈由谈话者、听话者、主题三个要素组成。"因此,要想达到施加影响的目的,就必须关注这三个要素。

主题即交谈的中心内容。在交谈中,每个人都会有自我表现的欲望,希望尽早把自己的想法传达给对方,但是,必须注意选择可以谈论的内容,回避忌谈的内容。

1. 宜选的主题

(1) 既定的主题

既定的主题,即交谈双方事先业已约定或者其中一方先期准备好的内容。如求人帮助、征求意见、传递信息、讨论问题、研究工作之类的交谈,往往都属于内容既定的交谈。选择这类内容前最好经过双方商定,至少也要得到对方的认可。既定的主题多用于正式交谈。

(2) 高雅的主题

高雅的主题,即内容文明优雅、格调高尚脱俗的话题。例如文学、艺术、哲学、历史、地理、建筑等,都属于高雅的主题。它适用于各类交谈,但要求面对知音,忌讳不懂装懂和班门弄斧。

(3) 时尚的主题

时尚的主题,即谈论起来令人轻松愉快、饶有兴趣、不觉劳累厌烦的话题。例如文艺演出、流行时装、美容美发、体育比赛、电影电视、休闲娱乐、旅游观光、名胜古迹、风土人情、名人轶事、烹饪小吃、天气状况,等等。它适用于非正式交谈,允许各抒己见,任意发挥。

(4) 时代的主题

时代的主题,即以此时、此地正在流行的事物作为谈论的中心。例如中国健儿奥运会上为国增光、汽油价格涨跌、股市持续疲软,等等。它适合于各种交谈,但变化较快,在把握上有一定难度。

(5) 对象性主题

对象性主题,指交谈双方,尤其是交谈的对方有研究、有兴趣、擅长的主题。话题选择之道在于以交谈对象为中心。例如,与医生交谈,宜谈健身祛病;与学者交谈,宜谈治学之道;与作家交谈,宜谈文学创作,等等。它适用于各种交谈,但忌讳以己之长对人之短,否则便会"话不投机半句多",因为交谈是意在交流的谈话,不可只有一家之言。

2. 忌选的话题

要让一场谈话友好地开始而愉快地结束,双方得以实现顺利沟通,还有一些忌讳的话题是不应该在公务场合和社交场合谈论的。不适合谈论的话题主要有以下几种。

（1）个人隐私的话题

个人隐私，即个人不希望他人了解之事。在交谈中，若双方是初识，则有关对方年龄、收入、婚恋、家庭、健康、经历等涉及个人隐私的主题，切勿加以讨论。

（2）捉弄对方的话题

在交谈中，切不可以对方的短处或缺陷乱开玩笑，挖苦、调侃对方，或成心让对方出丑、难堪。谈论这类话题是缺少修养的失礼之举，不仅会遭到对方的反感，也必将损害双方关系。

（3）非议旁人的话题

有些人喜欢在交谈中传播闲言碎语，造谣生事，非议其他不在场的人士，这是万万不妥的。

（4）倾向错误的话题

谈话时亦应避免倾向性错误的主题，如违背社会伦理道德、生活堕落、思想反动、政治错误、违法乱纪等。

（5）令人反感的话题

有时在交谈中，可能会不慎谈及一些令交流对象感到伤感、不快，或者对方不感兴趣的话题。碰到这种情况，应立即转移话题，千万不能将错就错，一意孤行。

（6）格调不高的话题

格调不高的主题包括家长里短、小道消息、男女关系、黄色段子等。与人谈话时应注意回避这些话题，否则会使对方觉得你素质不高，有失教养。

思考与任务

一、思考

1. 交谈时的礼仪有哪些？
2. 交谈时哪些内容是不适宜谈论的？
3. 在交谈中应该怎样控制自己的声音？

二、任务

1. 以两人为一组进行交谈的练习，注意声音的控制。
2. 以组为单位，进行以下情景的模拟练习：

魅力公司公关部的谢晓晓部长将前来考察的雪盛公司电商部经理王力和商务专员李华引领到销售部经理赵燕的办公室就座后，双方人员就合作意向展开了亲切交谈。请各组模拟交谈时的情景，并注意应用交谈礼仪。

子项目 2　邀约与接待礼仪

子项目 2 情景： 雪盛公司通过发邀请函，邀请魅力公司人员到雪盛公司做客，魅力公司一行二人应邀来到雪盛公司，受到了热情的接待。

技能点 1　邀约礼仪

在商务交往中，因为各种各样的实际需要，商务人员必须对一定的交往对象发出邀请，请对方出席某项活动或是前来我方做客。这类性质的活动，我们称为邀约，也叫邀请。

因为商家与商家或者商家与客户之间的经济交往活动都不可能自然而然地发生，其中必有一方先产生交往的意向并向另一方发出交往邀约，才可能开始这种经济交往关系。商务交往讲究常来常往，来而不往非礼也。所以，邀请在商务活动中是一项不可或缺的重要内容。

从商务交往的角度来看，邀请实质上是一种双向的约定行为。当一方邀请另一方或多方人士前来自己的所在地或者第三地会面或出席活动时，他不能仅凭自己的一厢情愿行事，而是必须获得被邀请方的同意和配合。作为邀请者，不能不自量力，要根据实际需要而邀请必须邀请的人；作为被邀请者，则需要及早做出合乎自身利益与意愿的反应。不论是邀请者还是被邀请者，都必须把邀请作为一种正规的商务约会来看待，而不能视之为可有可无的单方行为。

对邀请者而言，发出邀请是一种礼仪要求很强的行为，邀请的内容和形式不仅要力求合乎礼貌，以便取得被邀请者的良好回应，还必须使之符合双方各自的身份以及双方关系的现状。

在商务邀约过程中，邀约的方式、操作等都要讲究规范。商务邀约的规范主要体现在以下四个方面：邀约方式、邀请对象、邀约操作和被邀请者的礼仪。

一、邀约方式

要进行商务邀约，首先要确定邀约方式，即具体的邀请形式。商务邀约方式从大的方面讲分为两种：口头邀约和书面邀约。它们各自又有不同的具体形式。

（一）口头邀约

1. 见面口头邀约

当事人面对面的口头邀约，或者当事人委托某人向对方面对面发出邀请。例如，两个公司的老总在交谈过程中或者在宴请过程中，一人口头提出请对方到自己所在公司参加产品展览会。

2. 电话口头邀约

通信设备缩短了人与人之间的距离,现在几乎人人都有手机,能用电话解决的问题一般不会再费劲多跑一趟。所以,也可以通过电话进行口头邀请。

但要注意的是,不管哪种口头邀请都属于非正式的邀请,多适用于商务人员非正式的接触。

在商务邀请中,更多的是进行书面邀请,或者口头与书面形式一并使用,先口头邀请,随后发出正式的书面邀请。

(二) 书面邀约

书面邀约属于正式邀请。在正规的商务往来中,应该用正式的邀请方式进行邀约,这是商务活动中必须遵守的礼仪规范之一。通过正式的邀约方式,被邀请者会对邀请者所发出的邀约更加重视。正式的邀约方式通常有以下几种。

1. 邀请函邀约

邀请函邀约是指采用正规的书信形式向对方发出的邀约。邀请函也叫邀请信,是最正式的邀约方式。

商务邀请函是商务活动主办方为了郑重邀请其合作伙伴(投资人、材料供应方、营销渠道商、运输服务合作者、政府部门负责人、新闻媒体朋友等)参加其举行的活动而制发的书面函件。发出邀请函是为了表示正式和重视,它体现了活动主办方的礼仪规范和友好盛情。

商务邀请函的基本要求是言简意赅,说明问题。一般由标题、称谓、正文、落款组成。需要注意的是:

(1) 邀请函往往要对活动的内容、程序、要求、目的等做出简单介绍和说明,结构比较复杂,篇幅较长。

(2) 务必写清活动时间、地点、被邀请人的姓名或单位名称,其中个人姓名、单位名称、活动名称要用全称,必要时还需写明活动地点的详细地址及乘车线路。

(3) 文末还要附着邀请者的联络方式,且以回执的形式要求被邀请者回复是否接受邀请。

(4) 邀请函的书写要注意使用敬语,可能的话,应当打印出来,并由邀请人亲笔签名。

2. 请柬邀约

请柬是指以书面形式向对方发出邀请的卡或帖,又称请帖。它也属于正式的邀约方式。请柬可以看作一种简便的邀请函。

请柬邀约是商界人士经常使用的邀约形式。请柬主要是表明对被邀请者的尊敬,同时也能体现出邀请者对此事的郑重态度。所以即便被邀请方近在咫尺,也必须送上请柬。

请柬一般由封面与正文两部分组成。使用市场上的各种专用请柬时,要根据实际需要选购合适的款式。不管是购买印制好的成品,还是自行制作,请柬在使用中都应当遵守成规。

(1) 请柬的形式

请柬有横式和竖式两种。横式请柬的行文应自左而右、自上而下地横写。竖式请柬的行文则是自右而左、自上而下地竖写。现代商务邀约一般采用横式请柬。

(2) 请柬的内容

请柬的内容一般由称呼、正文、结尾、落款几个部分构成。购买的请柬通常已按照书信格式印制好，使用时只需填写相应部分即可。如果自行制作，语言上除要求简洁、明确外，还要措辞文雅、热情大方。行文格式注意规范，正文部分务必写清活动名称、时间、地点，若有其他要求也需注明。

3. 传真邀约

传真邀约，指的是利用传真机发出传真的形式对被邀请者进行的邀约。在具体格式、文字方面，其操作方法与书信邀约大同小异。但是由于它利用了现代化的通信设备，因而传递更为迅速。

4. 电子邮件邀约

电子邮件邀约，其方法基本与传真相似。如今科技发达，随时随地可以使用网络，用电子邮件发邀请函也是不错的选择。

无论哪种形式的书面邀请函，发出后都要进行确认，看对方是否收到。

二、邀请对象

邀请对象分为单独邀请和集体邀请两种。

单独邀请的对象主要依据主方与客方的身份来确定。主方邀请者的职务、地位、身份应当与被邀请者的职务、地位、身份对等。主方邀请者的职务、地位、身份不必比被邀请者高，但也不应该低于被邀请者，否则是失礼的表现。

集体邀请要确定请到哪一级别、请多少人，以及主方由谁来作陪，因此要考虑多方面的因素。在确定了范围之后，就可拟定邀请名单，包括准确的被邀请人的姓名、职务等。

三、邀约操作

(一) 选择时机

商务邀约应该选择主客双方都合适的时间，不要选择重大节假日和对方有重要活动或者禁忌的日期。例如，邀约不宜选择大年三十、初一、初二等日子。对于单独邀请的对象，必要时可先征询主宾的意见。

(二) 确定时间

1. 到场的时间

邀请对方或各方到场的具体时间要提前确定。必要时，邀请的具体时间要准确到分。

例如邀请对方参加一个开幕式,时间就要准确到分。邀请函一定要写清楚年、月、日、时和分,时间最好按 24 时计。如果活动是在外地举行,应确定报到时间为某年某月某日。

2. 发出邀请的时间

发出邀请的时间可以提前一周,也可以提前一个月。要给被邀请者一定的准备时间,具体可根据活动情况而定。但是注意不能太早,否则客人有忽略的可能。

(三)确定地点

地点可选择主方所在地,也可选择第三方地点。

确定的活动场所大小要与所邀请的客人人数相符或略大,档次要与被邀请者的身份相符,并且交通要方便。

(四)发函并确认

确定了邀请对象、时间、地点等事项后,还需要准备邀请函或请柬,并按确定的时间发出。

邀请函发出后并非就万事大吉了,对于不是当面送达而是通过邮寄、传真或电子邮件等形式发出的邀请,一定要通过电话等方式告知对方,确保对方收到邀约。

四、被邀请者的礼仪

对于被邀请者而言,无论收到来自哪个单位和个人的书面邀约,都必须及时、正确地进行处理。不论能否接受邀约,都必须按照礼仪的规范,对邀请者待之以礼,尽早给予明确、合"礼"的答复:或者应邀,或者婉拒。绝对不能置之不理,厚此薄彼,草率行事。一般来说,被邀请,尤其是以书面形式被正式邀请,说明对方对你十分尊敬和重视,所以在接到邀约后,应当及时做出积极的反应。

具体的答复方式有:致电主办人办公室,把答复信用传真发出,填写回复卡或书写一封正规的答复信并及时寄回;若不能参加,应说明原因。

在众多答复方式中,书面回复形式为最正式。这种用书信形式对邀约所进行的答复,在商务礼仪中被称为回函。回函一般需要亲笔书写,以示重视。如果打印回函,则至少应当亲笔签名。

思考与任务

一、思考

1. 邀约有哪些方式?正式的商务活动一般采用什么方式邀请来宾?
2. 请柬的书写一般包括哪些内容?

二、任务

根据子项目 1 和子项目 2 的情景,书写一份雪盛公司邀请魅力公司人员来本公司做客的邀请函。

技能点2　接待礼仪

孔夫子一句"有朋自远方来,不亦乐乎"的名言,道尽了中国人待客的真诚。在日常的商务活动中,企业之间交往十分频繁,因此,接待来访者对每个商务人员来说,也是一项十分重要且经常性的工作。

商务接待的客人,按来访者是否提前预约分类,可分为无约接待和有约接待两种。

一、无约接待礼仪

无约接待是指对事先与本单位无约定的来访者的接待。在无约接待中,相关接待人员要随机应变,灵活处理,礼貌待客。

(一)亲切迎客

当有客人来访时,应热情迎客,做到:眼到、口到、意到。

1. 眼到,即客人来时应该起立,放下手中的工作,眼睛注视对方。
2. 口到,即欢迎的语言到位,例如:"您好,请问我能为您做些什么?"
3. 意到,即用微笑表现出诚心诚意地欢迎客人的到来。

对于来访的客人,无论是事先预约的还是未预约的,都应该亲切欢迎,给客人一个良好的印象。

(二)交流沟通

人们都是通过沟通进行情感和信息交流的,所以与来访客人之间的沟通必不可少。通过与客人进行自我介绍、交换名片等活动,了解客人的身份和来访意图,并帮助客人达到来访目的。一般常见的情况及处理方式有以下几种。

1. 要联系的人员不在办公室

如果客人要找的人不在,应热情而明确地告诉对方该人员到何处去了,何时回来。对方愿意的话可请他留下电话、地址,或者对需要转达的事情做好记录,务必转达。

2. 要联系的人员正在忙碌

如果客人要联系的人员因开会等某种原因不能马上会见,要向客人说明原因与等待时间。若客人愿意等待,应向客人提供茶水、报纸等,并时常为客人添加茶水。注意茶具、倒茶、上茶、续茶等环节的礼仪规范。

3. 引见要联系的人员

如果需要领导出面或其他部门人员会见,应在请示领导并得到同意后,为其引见,在引见过程中要遵守引导礼仪。引导中有如下几种情况。

(1) 走廊及道路的引导

接待人员在引领来访者时，要配合对方的步幅，在客人左前方 2~3 步处引导。引导时，上身稍向右转体，身体侧向客人，同时用左手的横摆式手势引导，并说"请"或"请跟我来"，必要时可边走边向来宾介绍相关情况。

如果引导过程中需要通过门，当门需要推开，应由引导者开门，进入后在门里做横摆式表示"请进"；当门需要拉开，开门后，引导者不进入，而是在门的这边用回臂式表示"请进"。引导礼仪的关键在于要把安全、方便的位置让给客人。

(2) 楼梯的引导

引导至楼梯时，稍候一下来宾，可说"请您上三楼"等提示性话语，并作指示性手势，这时应让客人走在前面，引导者走在后面。当下楼时，可说"请您注意脚下"等关照的话语，这时引导者应在前，让客人走在后面。上下楼时，要注意客人的安全。

(3) 电梯的引导

引导至电梯时，应先告诉客人楼层再按下按钮；如电梯未到，应告知"请您稍候"。当进入无人操作的电梯时，引导者需先进入，按下楼层按钮，并控制按钮，等客人全部进入电梯后再关门。到达目标楼层后，引导者还要控制按钮，等客人全部出去后，引导者再出去。

如进入有人操作的电梯，则应待全体来宾都进入后，引导者最后一个进入。出电梯时，一般应请来宾先出去。但如果电梯里人太多，引导者最后进去堵在门口的情况则另当别论。引导者后进后出的前提是电梯里面人少。如果宾客较多且不知路，引导者也可适当早出电梯以引导方向。

(4) 进入房间的引导

引导来宾进入某办公室、会客室、写字间或休息室之前，不管门上有无标志，引导者均应向来宾说明"此乃何处"。如果来宾与即将会晤的对象以前未曾谋面，还须向对方略作介绍，以便来宾在思想上有所准备。

在进入领导办公室之前，要先轻轻叩门，得到允许后方可进入，切不可贸然闯入。叩门时应用手指关节轻叩，不可用力拍打、捶打。进入房间后，应先向房里的领导点头致意，再把客人介绍给领导，介绍时要注意措辞，同时可用手示意，但不能用手指指着对方。

请客人进入房间后要轻轻关上门。

二、有约接待礼仪

有约接待是指对事先与本单位有约定的来访者的接待，特别是对应邀而来客人的接待。这种接待通常比较正规，程序上周密布置，在人力、财力、物力方面有充分准备。

（一）接待原则

进行商务活动时，为了以礼接待商界同人，必须按照商务礼仪的惯例和规范，在接待工作中，坚持对等规则和平衡规则。

1. 对等规则

对等规则是商务礼仪的基本原则之一。所谓对等，就是规格对等，是指己方作为主人,在接待客户、客商时,要根据对方的身份,同时兼顾对方来访的性质以及双方的关系,安排适当的接待规格,使来宾得到与其身份相称的礼遇,从而促进双方关系的发展。

首先,双方人员的身份应对等,要求职位相近、业务相似。己方出面迎送来宾的主要人员应与来宾的身份大体相当。若己方与来宾身份对等的人员因故不能亲自出面迎接来宾,则应委派副手或与其身份相近的人员出面接待,并在适当的时刻向来宾做出令人信服的说明和解释,以表示己方的诚意。

其次,己方人员在与来宾进行礼节性会晤或举行正式谈判时,也必须使己方到场的人数与来宾的人数基本相当。

最后,在为来宾举行宴请、安排住宿时,应尽量使之在档次、规格等方面与来宾身份相称。如果曾经拜访过对方,那么应与对方接待的规格相当。

2. 平衡规则

平衡规则,是指进行多边商务活动、接待多方客人时要注意一视同仁,平等相待。在接待活动中,有时完全可以采用不排列的规则去处理。在正式的商务活动中,如果需要排列位次和顺序,礼宾次序可参考下列方法。

(1) 按身份与职位高低排序

如接待几个不同方面的代表团时,可依据代表团团长身份职务的高低排序。

(2) 按姓氏笔画排序

在国内的商务活动中,如果各方是对等的,可按参与者的姓名或单位名称的第一个字的笔画排序。首先,按个人姓名或组织名称的第一个字的笔画多少,依次按由少到多的次序排列。比如,当参加者有丁姓、李姓、胡姓者时,其排列顺序就是丁、李、胡;当两者第一个字的笔画数相等时,则按第一笔的笔顺——点、横、竖、撇、捺、弯钩的先后顺序排列;当第一笔的笔顺相同时,可依第二笔的笔顺排列,以此类推。当两者的第一个字完全相同时,则用第二个字进行排列,以此类推。

(3) 按国家或企业名称的英文字母排序

在涉外商务活动中一般采用此法。具体方法是:先按第一个字母进行排列;当第一个字母相同时,则依第二个字母的先后顺序排列;当第二个字母相同时,则依第三个字母的先后顺序排列,以此类推。

(4) 其他排序方式

如可按回复邀请函的顺序或正式活动的签到顺序排列等。

在操作中,一定要注意平衡,即在同一个层面上,遵守一定的礼宾秩序,以免造成不必要的麻烦。

(二) 接待规格

接待的规格应根据客人的具体情况而定,一般不可过高,但也不可过低,以接待者身份与来访者身份对等为宜。具体采用什么接待规格由主方确定。接待规格必须事先确定,并安排好接待人员,以免客人到来后由于准备不足而造成尴尬场面。

一般公司及企业单位都会拟定商务接待规格的要求及标准,需要进行接待时,根据客人的具体情况确定接待规格即可。

按照一个中型企业及公司的规模,接待规格主要有以下几种。

1. 一级接待

(1) 接待人员范围

所在地市的区级政府主要领导,市级党政机关主要领导,国内外大中型企业负责人,战略投资伙伴,行业知名专家,新闻媒体,金融机构主要负责人,本单位特邀领导及其他特殊人员。

(2) 主要陪同人员

总经理、副总经理、接待部门负责人。

(3) 迎接

总经理、副总经理、接待部门负责人根据来客到达情况,在高速路口、机场、车站等处迎接,注意要提前等候于迎接地点。

(4) 参观

总经理、副总经理、接待部门负责人陪同,由接待部门负责人介绍主方基本情况及相关信息。

(5) 相关会议

确保公司环境干净整洁,室温舒适,灯光合适;提前将相关资料、纸笔、矿泉水、茶水杯等摆放于会议室。根据会议类型,必要时可制作横幅、欢迎牌、指示牌、会标及领导席签,并安排礼仪人员备好会场花卉、水果、烟茶,调试好音响、投影、摄像等设备。

2. 二级接待

(1) 接待人员范围

所在地市的区政府部门领导,一般及小型企业、公司负责人,公司合作伙伴,项目相关人员,本单位特邀人员及其他需接待的特殊人员。

(2) 陪同人员

副总经理、接待部门负责人、相关部门经理。

(3) 迎接

由接待部门负责人或相关部门经理到主方单位驻地门口迎接,引导来宾。

(4) 参观

由接待部门负责人或相关部门经理介绍主方基本情况及相关信息。

(5) 相关会议

确保公司环境干净整洁,室温舒适,灯光合适;提前将相关资料、纸笔、茶水杯(根据会议类型也可放水果)等摆放于会议室,并根据需要调试好音响等设备。

3. 三级接待

(1) 接待人员范围

驻地街道办事处相关人员,普通商务类考察人员、技术人员,设计师,供应商、合作商的中层管理者及以下人员等。

(2) 陪同人员

相关对口的部门经理及人员。

(3) 相关会议

确保公司环境干净整洁,提前将相关资料、纸笔、茶水杯摆放于会议室。

另外,在一级和二级接待中的用餐、住宿标准应根据主方实力进行确定,并由接待部门根据情况购买礼节性礼品。

以上是中型企业、公司接待规格的一般标准,在具体实施过程中,可根据来宾的具体情况进行适当调整。

(三) 接待准备

接到来客通知,接待工作就要进入准备阶段。这是做好整个接待工作的基础,一般应从以下几个方面来进行准备。

1. 了解来宾情况

(1) 了解来宾的单位、姓名、性别、民族、职业、级别、人数等。必要的话,还要了解来宾的宗教信仰、身体状况、生活习俗等。

(2) 如果不是应邀而来的宾客,应了解客人的意图、目的和要求,以及在住宿和日程安排上的打算。

(3) 了解来宾抵达和离开的日期及乘坐的交通工具,包括车次或航班。

2. 拟定接待方案

根据所了解的来宾情况及来访目的等,做出接待工作的各项计划。

(1) 确定接待规格

接待规格决定了陪同人员、日程安排及经费开支等的标准,因此,首先要根据主方单位的接待标准及了解到的来宾的具体情况,确定接待级别。

(2) 确定主陪人员

根据接待级别和对等对口原则,确定主陪人员。

(3) 确定食宿标准

一般应根据接待级别确定来宾用餐标准及下榻宾馆标准。

(4) 确定宴请等活动

根据接待级别,确定招待过程中宴请、参观、娱乐等活动的次数和规模。

(5) 拟定行程安排

按照时间顺序安排接待内容,包括接站、住宿安排、宴请、看望、商务活动、参观游览、返离送别等,最好形成日程安排表,写明日期、时间、活动内容、地点、陪同人员等。

(6) 做好接待人员的安排

确定各项接待工作的责任部门及人员,将接待责任分解并落实到人。接待任务较重时,可建立各项专门小组,如秘书组、接待组、后勤组、保卫组,等等。最好形成人员安排表,包括时间、地点、事项、负责人等。

(7) 做好接待经费的预算

经费是接待工作的重要构成部分,要将接待中所需的经费详细列出。包括住宿费、餐饮费、劳务费(讲课、演讲、加班等)、交通费、参观游览及娱乐费用、纪念品费、租借会议室和打印资料等费用。

3. 接待方案上报审核

将拟定的接待方案上报相关领导审核,如有不妥之处应及时修改,直至方案通过。

(四) 接待的流程

1. 再次确认

在来宾到来之前应再与对方进行一次沟通,一是对来宾情况进行确认,确认来宾的到达日期、车次航班等,以防有变化;二是就接待安排及活动日程情况与对方沟通,使对方了解接待情况,并可提出对活动日程安排的建议;三是告知对方接待工作负责人的联系方式。

2. 通知人员

按照接待方案的计划通知所有相关人员,包括参加会晤的领导、陪同人员、接待人员,使每个人明确自己的任务及职责。

3. 前期安排

根据接待方案确定的接待规格和已知的来宾情况,做好下面几项工作。

(1) 安排就餐

按照接待方案确定的就餐标准,安排、落实好来宾的用餐,需要注意来宾的民族习俗、饮食习惯及禁忌等。

(2) 安排住宿

按照接待方案确定的住宿标准,预订好来宾下榻的酒店,注意住宿环境要整洁、安静,房间设备要齐全,服务要到位,交通要方便。可酌情在房间内准备相关资料、水果等。

(3) 安排活动场地

按照接待方案确定的各种活动、会议等,安排好商务活动的场地或会议室的租借以及来宾的参观、游览路线和娱乐项目的预订等。

(4) 布置接待环境

良好的环境是对来宾尊重与礼貌的体现。根据接待级别,必要时可制作横幅、欢迎牌、指示牌等,并安排礼仪人员。

接待室的环境应该明亮、安静、整洁、幽雅。接待室应配置沙发、茶几、衣架等。室内应适当点缀一些花卉、盆景、字画,以增加雅致的气氛。还可放置几份报刊和有关本单位的宣传材料,供客人翻阅。

(5) 备好接待车辆

根据来宾人数、级别备好相应车辆。保证车辆清洁,安全性能良好。

(6) 预订返程车票

如有需要,应根据客人的要求提前预订返程车票或机票。

4. 按时迎接

按照接待级别,相关陪同人员要根据来宾的到达日期和时间前往机场、车站或码头迎接来宾。

（1）接待标牌

到车站、机场接客人时，若对所迎接的客人不熟悉，要提前做好接待标牌，迎接时放在显著位置。如要迎接的人数较多，标牌可做得大些。如果是个别接站，可手举标牌，上书"欢迎××先生（女士）"，以及本单位的名称。

（2）注意事项

在车站或机场接客人时，接待人员一要注意抵达来宾的人数应与名单相符，避免漏接；二要注意协助来宾提拿行李，但密码箱、个人小包不要拿。

（3）到相关地点迎接

如来宾带车而来，根据接待级别，必要时主方相关人员应带车到高速路口迎接，或到驻地大门口或办公楼门口迎接。

5．迎客中的礼节

（1）握手

迎接时应率先向来宾握手致意，表示欢迎。主动、热情、适时的握手会令来宾感到亲切。

（2）问候

问候，也就是问好、打招呼，是与别人相见时以语言向对方致意的一种方式。如果是第一次来访的客人，接待人员可以说："您好！欢迎您的到来！"对于曾经来过但相别甚久的客人，见面则说："您好吗？很久未见了。"

（3）称呼

用恰如其分的称谓来称呼客人，是礼仪素养的一种表现，也是与客人交谈的良好开端。接待客人时的称呼，应视具体环境、场合，并按约定俗成的规矩而定，一般就高不就低。商务往来中，如知其职务，往往称呼其职务，如×总经理。

（4）介绍

来宾到达时，迎接人员要立即上前作自我介绍，并主动与其握手表示欢迎。如领导来接，而双方是初次见面，可由接待人员及对方相关人员进行介绍。

（5）名片

必要时，双方可交换名片。递接名片时，要注意礼节，按照规范进行，以体现自己良好的素养。

6．安顿宾客

客人抵达后，应先安置客人休息。如果是所在地的来宾，可安排其在单位会议室或接待室稍作休息，并提供茶水、饮料等；若是远道而来的客人，则应先将其引入事先预订好的宾馆客房休息。

7．协调日程

来宾食宿安排就绪后，应由主方相关人员与来宾进一步沟通活动日程的安排，达成一致后，根据确定的活动内容、方式等印发活动日程表，最好分发至每一位来宾手中。

8. 组织活动

按照日程安排，精心做好各项工作。对于来宾提出的意见和建议，要及时向领导反馈。客人提出的要求，在可能的情况下应尽量满足。

（五）接待中的座次礼仪

在商务接待及各种商务活动中，都要考虑座次问题。例如，在机场接到来宾后乘汽车到公司，以及在安排就餐时都要用到座次礼仪。正确的座次排列不仅是尊重别人的表现，而且能体现自己的素质，展示公司的良好形象。

1．乘车座次礼仪

汽车是商务迎送活动中使用最多的交通工具。商务人员在迎来送往或与他人一同乘车外出参加较为正式的商务活动时，应注意座次排序的礼仪规范。

按照商务礼仪，要确定乘车的座次排序，应当考虑车辆类型、驾驶人员、安全程度，以及宾客本人意愿几个方面的因素。

（1）车型及驾驶人员

① 双排小轿车

双排小轿车是商务活动中应用较多的车型。其座次的排序应根据驾驶人员的不同而有所区别。

a．专职司机驾驶

由专职司机驾驶时，除驾驶座外，车上其余四个座位的顺序，由尊而卑依次应为：后排右座，后排左座，后排中座，前排副驾驶座（见图4-9）。

这一排序的基本依据是因为小轿车的后排座位比前排座位相对安全，右侧座位比左侧座位相对安全。故在接待来宾时，前排副驾驶的座位通常为秘书或一般接待人员的座位。但如果接待人员单位委托该接待人员单独陪同来宾时，则接待人员应坐在后排客人的左侧。

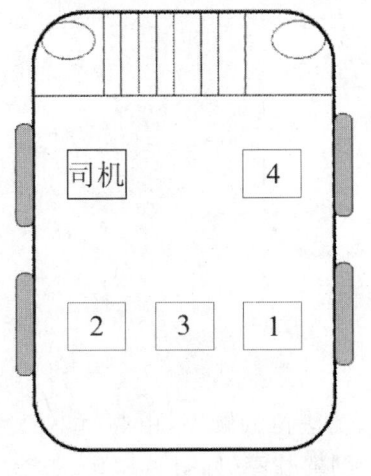
图4-9　双排小轿车（1）

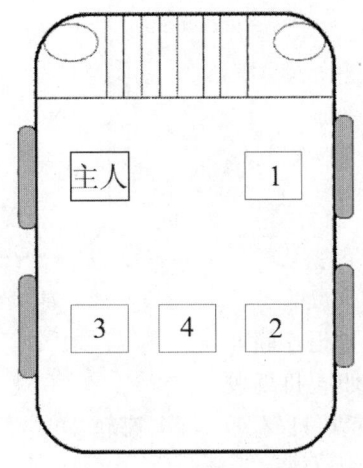
图4-10　双排小轿车（2）

b. 主人亲自驾驶

若是由拜访对象本人亲自驾驶小轿车,即所谓的主人亲自开车时,座位排序就截然不同了。主人亲自驾驶时,前排的副驾驶座为上座。此时车上驾驶座以外的四个座位的顺序由尊而卑依次应为:副驾驶座,后排右座,后排左座,后排中座(见图4-10)。

若车上只有一名客人时,则客人务必就座于前排副驾驶座。如果明知故犯坐到后排去,则表示自己对主人极度不友好,是失敬的表现。主人也会由于你的表现而对你感到失望。

若车上有不止一位客人在座,则至少应当推举一人为代表,坐在副驾驶座上作陪。通常应推举其中身份、地位最高者。如果副驾驶座位上的人员在中途下车,则应立即依次类推"替补"上去一个,总之,不能让该座位"空空如也"。

若男主人一人开车接送一对夫妇,则男宾应就座于副驾驶座上,其夫人坐在后排。

若女主人一人开车接送一对夫妇,则女宾应就座于副驾驶座上,其丈夫坐在后排。

若主人夫妇开车接送客人夫妇,一般应由男主人驾驶,女主人就座于副驾驶座上,客人夫妇坐在后排。

② 越野吉普车

对越野吉普车而言,由谁开车的问题就不甚重要了,它的副驾驶座总是上座。至于其后排座位,则讲究右高左低。

越野车功率大,底盘高,安全性也较高,但通常后排比较颠簸,而前排副驾的视野和舒适性最佳,因此为上座位置(见图4-11)。

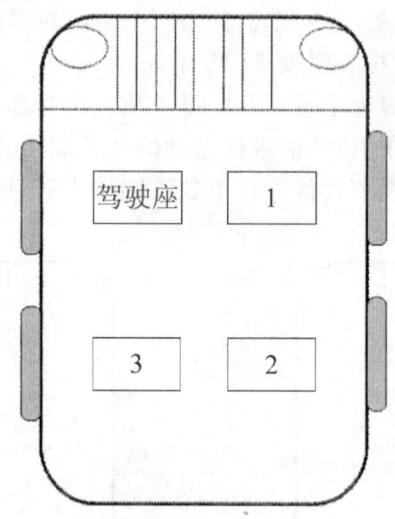

图 4-11 越野吉普车

③ 三排七座轿车

a. 专职司机驾驶

由专职司机驾驶三排七座轿车时,车上其余六个座位的顺序,由尊而卑依次应为:后排右座,后排左座,后排中座,中排右座,中排左座,副驾驶座(见图4-12)。

项目四 雪盛电商公司和魅力服装公司电商代运营合作项目

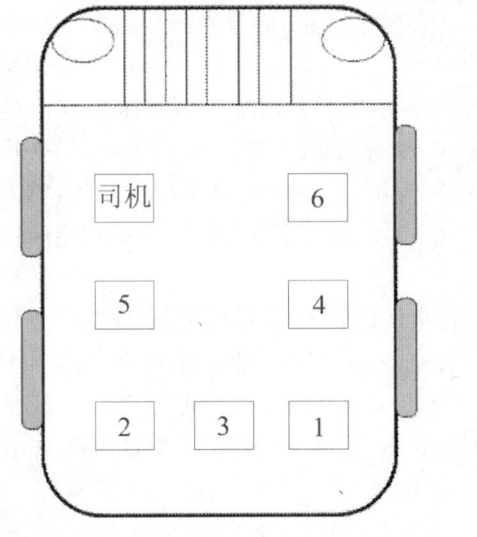

图 4-12 三排七座车(1)

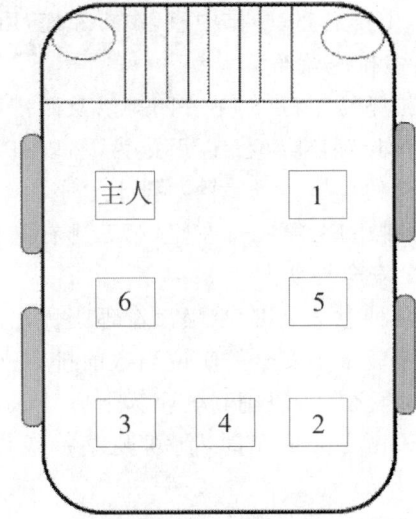

图 4-13 三排七座车(2)

b. 主人亲自驾驶

由主人亲自驾驶三排七座轿车时,车上其余六个座位的顺序,由尊而卑依次应为:副驾驶座,后排右座,后排左座,后排中座,中排右座,中排左座(见图 4-13)。

④ 三排九座轿车

a. 专职司机驾驶

由专职司机驾驶三排九座轿车时,车上其余八个座位的顺序,由尊而卑依次应为:中排右座,中排中座,中排左座,后排右座,后排中座,后排左座,前排右座,前排中座(见图 4-14)。

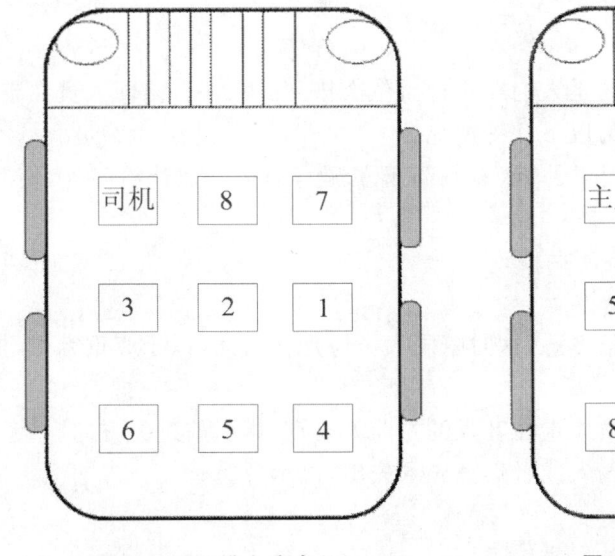

图 4-14 三排九座车(1)

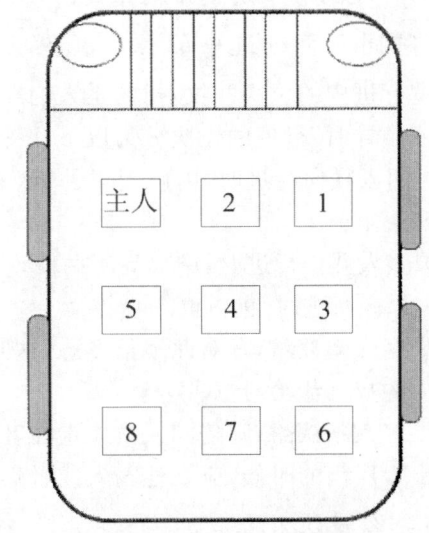

图 4-15 三排九座车(2)

b. 主人亲自驾驶

由主人亲自驾驶的三排九座轿车时,车上其余座位由尊而卑依次应为:前排右座,前排中座,中排右座,中排中座,中排左座,后排右座,后排中座,后排左座(见图 4-15)。

⑤ 多排座轿车

多排座轿车,指的是有四排以及四排以上座位的大中型轿车。多排座轿车不论由何人驾驶,均以前排为上,以后排为下,以右为尊,以左为卑;并以距离前门的远近,来排定其具体座次的尊卑。以一辆六排十七座的中型轿车为例,其座位的尊卑依次应为:第二排右座,第二排中座,第二排左座,第三排右座,第三排中座,第三排左座,第四排右座……

(2)安全程度

从某种意义上讲,乘坐汽车理当优先考虑安全问题。对轿车而言,后排座位要比前排座位安全。最不安全的座位当数前排右座,最安全的座位则当推后排右座。而当主人亲自开车时,之所以以副驾驶座为上座,既是为了表示对主人的尊重,也含有与之同舟共济的意味。由专人驾车时,副驾驶座一般作为随员座,通常坐于此处者多为随员、译员,等等。

(3)宾客本人意愿

在正式场合乘坐轿车时,通常应请尊长、来宾就座于上座,这是给予对方的一种礼遇。然而更为重要的是,与此同时还应尊重宾客本人的意愿和选择,并将这一条放在首要位置考虑。必须尊重宾客本人对轿车座次的选择,宾客坐在哪里,即应认定那里是上座。即便宾客不明白座次,坐错了地方,也不要轻易对其指出或纠正。这时,务必要"主随客便"。

上面这几条因素往往相互交错,在具体运用时,可根据实际情况而定。

另外,在接待来宾时,若宾主不乘坐同一辆轿车,依照礼仪规范,主人的车应行驶在前,是为了开道和带路。若宾主双方的车辆都不止一辆,依旧应当是主人的车辆在前,客人的车辆居后。而它们各自的先后顺序,亦应由尊而卑地从前往后排列,只不过主方应派一辆车居后,以防止客方的车辆掉队。

2. 陪同人员行进中的位次礼仪

所谓行进中的位次礼仪,指的是人们在步行时位次排列的顺序。陪同人员在陪同、接待来宾或领导时,行进的位次分为以下几种情况。

(1)两人横向行进时,内侧高于外侧(右侧高于左侧),即把方便让给客人,使其少受到骚扰和影响。

(2)多人并排行进时,中央高于两侧。

(3)纵向行进时,前方高于后方。

如果客人知道路,且对此地很熟悉,这时陪同人员应走在后面,以示尊重客人,把选择前进方向的权利让给对方。

如果客人不认路,则陪同人员应走在客人的左前方一点,指引前进的方向。

在出入房门的时候,应该让客人或者贵宾先入先出,以示尊重。

3. 会客座次礼仪

(1)会客座次的基本形式

在接待过程中,当来宾与主人要进行会谈时,根据不同的情况,就座的形式也有所不同。

① 自由式

自由式就座是指进行具体会晤时不进行正式的座次排序,而由宾主各方的全体人员自由择座的形式。它多适用于各类非正式会晤或者非正式举行的多边性会晤。

② 主席式

主席式就座通常适用于主方在同一时间、同一地点正式会见两方或两方以上来宾的情况。这种排座方式好像主方正在以主席的身份主持会议,因此称为主席式(见图 4-16 和图 4-17)。

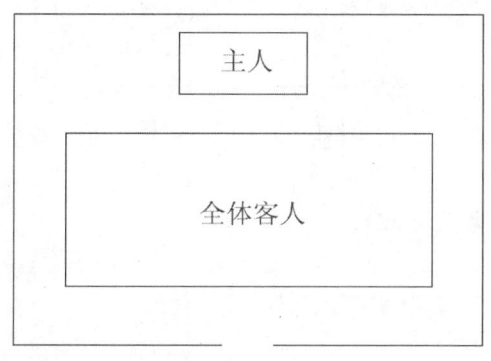

图 4-16　主席式(1)

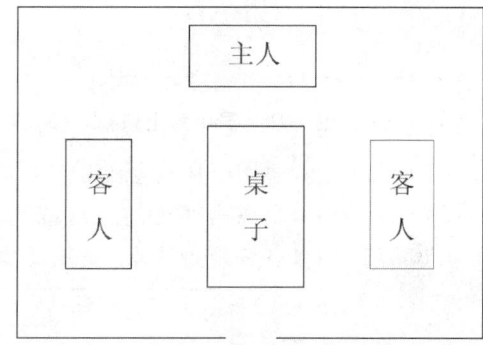

图 4-17　主席式(2)

③ 并列式

并列式就座即主客双方并排就座,以暗示双方彼此"平起平坐",地位相仿,关系密切。它多适用于礼节性会晤(见图 4-18)。

④ 相对式

相对式就座是指宾主双方面对面就座。此种方式显得主次分明,往往易于宾主双方公事公办,保持适当距离。它多用于公务性会晤(见图 4-19)。

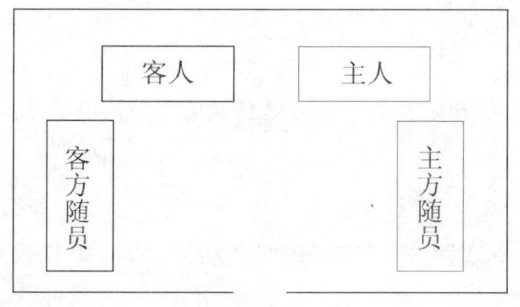

图 4-18　并列式

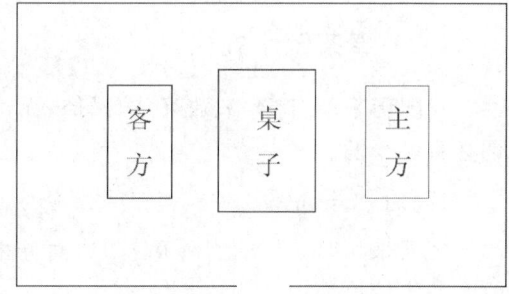

图 4-19　相对式

(2) 会客座次规则

① 以右为上。商务礼仪要遵守国际礼仪,而国际惯例是以右为上,这里所说的右和左是以进入房间面对正门的位置来确定的(见图 4-18 和图 4-19)。

② 居中为上(见图 4-20 和图 4-21)。

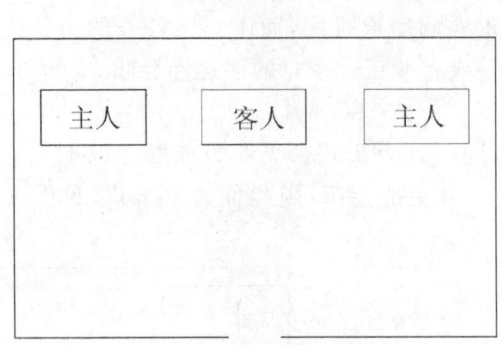
图 4-20　居中为上(1)

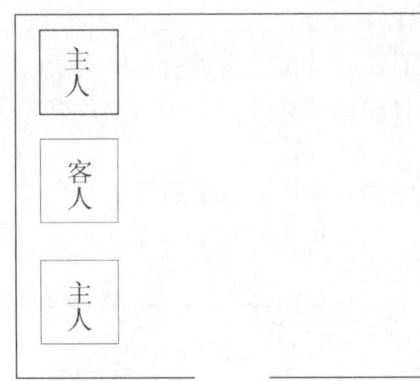
图 4-21　居中为上(2)

③ 前排为上,适用于所有场合。
④ 以远为上,距离房间正门越远位置越好(见图 4-22)。
⑤ 面门为上,良好视野为上(见图 4-22)。

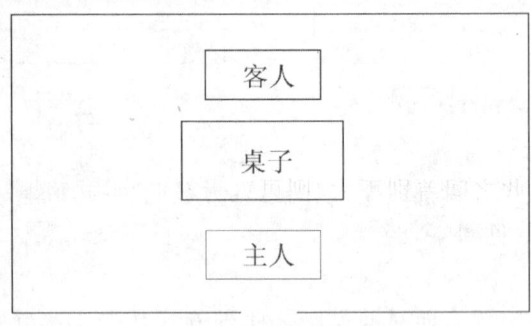
图 4-22　以远为上　面门为上

(六) 奉茶倒水礼仪

我国历来就有"客来敬茶"的民俗,无论是在家里还是在公司,接待来访者时,茶水都是必不可少的。

1. 时机要把握

客人来访时,要先让座,后备茶;商务来往中,宾主交换名片、相互介绍之后,商谈开始前奉茶比较恰当。

2. 茶具要清洁

沏茶之前,一定要把茶具清洗干净,尤其是久置未用的茶具,难免沾上灰尘、污垢,更要细心地用清水洗刷一遍。在沏茶、倒茶之前最好用开水烫一下茶壶、茶杯。这样既讲究卫生,又显得彬彬有礼。如果是用一次性杯子,最好配置杯托,以免水热烫手。所用茶杯应当一致。

3. 茶、水要适量

首先,茶叶的量要适当。茶叶过多,茶味过浓;茶叶太少,泡出的茶没有味道。如果客人主动介绍自己有喜欢喝浓茶或淡茶的习惯,那就按照客人的口味把茶泡好。其次,倒水要适量,俗话说:"茶倒七分满,留下三分是情分。"这既表明了宾主之间有良好的感情,又是出于安全的考虑,因为七分满的茶杯非常好端,不易烫手。无论是大杯小杯,都不宜倒得太满。

4. 端茶要得法

有两位以上来宾时,应用茶盘端出茶色均匀的茶水。端茶时,要用左手捧着茶盘底部,右手扶着茶盘的边缘,放在来宾临近的茶几上或备用桌上,然后用双手给客人奉上。如不方便放置茶盘,就用右手奉上。但要注意不可以手靠近杯口,更不能用五指抓住杯口边缘递送。一般不要从正面奉茶,因为这样既妨碍宾客思考,又会遮挡视线。得体的做法是从每人的右后侧递送。

5. 放置要恰当

在不打扰客人的前提下,面带微笑,说声"请您用茶",也是示意对方,避免无意碰撞;然后把杯子放在客人的右前方,即最方便客人取放的位置,并将杯耳转至客人右侧。

6. 奉茶要按序

上茶的时候,如有宾主之分,顺序应该是先宾后主,先主宾后其他宾客;同一方者先职位高者后职位低者,或先年长者后年轻者。

如果来宾甚多且彼此之间差别不大,则可以采取以下几种顺序:(1)以上茶者本人为起点,由近而远依次上茶;(2)以进门为起点,按顺时针方向依次上茶;(3)以客人的先来后到为顺序依次上茶。

7. 续茶要及时

当杯中茶水约剩一半时,就要及时续茶。一般应从客人右后方续茶,续茶时右手拿热水容器,左手端起茶杯。如果茶杯有盖,应用左手的无名指和小指将杯盖夹住,轻轻抬起,再用大拇指、食指和中指将杯子端起,在客人侧后方将热开水准确倒入杯里,注意不能让茶水溅到桌面上或与会者身上。

8. 敬茶要轻稳

敬茶及续茶时,不能发出杯子与杯盖及杯子与桌子碰撞的声音。如果操作不慎,出了差错,应不动声色地尽快处理,不能惊动其他人,将注意力引到自己身上,否则将是极大的工作失误。

9. 用茶的礼仪

当别人给你奉茶时,通常不要去接;但领导或长辈给你送茶,则要起身双手恭敬接过。不管是奉茶还是续茶,一般都要表示感谢;如不方便说感谢,也要以和蔼的眼神向奉茶者致意回应。

不论是客人还是主人,饮茶都要边饮边谈,轻喝慢咽,不宜出声,也不宜一次喝完一杯。如遇漂在水面上的茶叶,可用茶杯盖拂去或轻轻吹开,切不可从杯里捞出来扔在地上,更不要吃茶叶。

(七) 送客礼仪

送客是接待工作的结束曲、压轴戏,因此,应该更加重视送客的礼仪。所谓"出迎三步,身送七步",有始有终才是真正的送客之道。

根据来宾的重要程度和本地、外地的区别,送客方式应有所不同。

1. 外地来宾的送客

(1) 预订返程票

对应邀而来的远程来宾,在统计邀请回执时就应登记来宾对返程票的具体要求,包括日期、交通工具、舱位或座位等级、目的地等。来宾报到时要予以确认,并及时同有关部门联系订票事宜。

(2) 送别礼仪

同接站一样,送别也要热情相送。首先要安排好车辆,以便送客到机场或码头等。参加活动的主要领导尽可能出面告辞,送别地点可选在宾馆房间、会场门口等地。如是重要客人,还应到机场或车站送行。接待人员要主动帮助宾客确认并拿取所携带的行李物品,安放好行李后,再向宾客作一下交代。如果到车站或码头送客,还要帮助宾客将行李小心地提送到车或船上。

接待人员和上司一起送客时,注意要比上司稍后一步。

无论在何种场地送行,车、船启动时都应挥手告别,直到对方视线看不见欢送人员为止。

2. 本地来宾的送客

本地来宾的送客一般在办公室道别。按照常规,道别应当由来宾首先提出,主人还应婉言相留。客人提出告辞后,应等客人起身后,主人再立即起身。来宾如果伸手告辞,主人要热情地与其握手告别。不可当客人一说要走,主人就先起立、先握手,表现出急于送客的姿态。

送客人时,根据客人的身份,可以送至办公室门口、电梯口、楼门口、汽车上等。无论送到什么位置,都应等客人身影完全消失为止再返回。如是送到车上,来宾应摇下车窗,挥手道别。

在道别时,宾主双方还应互道"再见"、"欢迎下次再来"、"一路顺风"、"多多保重"等告别语。

主人挥手告别时,身体要站直,不要摇晃;目视对方,不能东张西望。手势要规范,可用右手,也可用双手,但不能只用左手。手臂向上伸出,指尖向上,掌心向外,手臂左右挥动。与客人距离较远时手臂可伸直,用双手时由外侧向内侧挥动。

思考与任务

一、思考

1. 接待应遵循哪些原则?

2. 接待前要做哪些准备工作？
3. 专职司机开车和主人开车时，小轿车的尊位分别在哪里？
4. 按照商务礼仪，指出会客时尊位的位置。

二、任务

1. 学生在教师的指导下，练习在走廊、电梯、楼梯等的引导礼仪的基本动作。
2. 以组为单位，模拟下面的情景：

魅力公司人员到雪盛公司考察。雪盛公司公关部长王芸芸和商务专员李华在火车站接到魅力公司经销部经理赵燕和营销员张晶二人后，由李华引导客人到小轿车前请赵经理上车，其他人自行上车。到公司下车后，李华引导客人到会客室休息，并为其上茶。会客室在二楼（无电梯）最东头，会客室的门是向外面开的。休息后，王芸芸带二位到位于一楼西边的电商部经理王力办公室，王力在办公室接待了来客。模拟中注意引导礼仪、座次礼仪、奉茶礼仪的应用。

4. 以组为单位，自拟情景练习引导礼仪、乘车与会客的座次礼仪。

技能点3　中式宴请礼仪

商务宴请是指企业为了达到诸如扩展业务、签订合同、洽谈项目、沟通信息等特定的商业目的而举办的宴会或招待会。它是一种带有浓重商务色彩的社交活动。

宴会是商务活动中通行的一种较高层次的礼仪形式。宴会的场面一般比较隆重，形式可以多种多样，如中式宴会、西餐宴会，还有酒会、冷餐会等。无论何种形式的宴会，都能够达到协调关系、联络感情、消除隔阂、增进友谊、加强合作的目的。在我国，中式宴请最为常用。在中式宴请中，无论是宴会的组织者还是参与者，都应遵守一定的礼仪规范。

一、桌次和座次礼仪

中餐的席位座次排列，关系到来宾的身份和主人给予对方的礼遇，所以是一项非常重要的内容。

中餐席位的排列，在不同情况下，有一定的差异，可以分为桌次排列和座次排列两个方面。

（一）桌次排列

在中式宴请活动中，如果客人较多，就会出现多桌宴请的情况，这时就有一个圆桌的摆放次序问题，我们称之为桌次。桌次的高低以离主桌位置的远近而定，离主桌越近，桌次越高；离主桌越远，桌次越低。平行时的桌次排序为右高左低。当桌数较多时，还要摆桌次牌。

一般来说，排列圆桌的尊卑次序，主要有两种情况。

1. 两桌组成的小型宴请

当宴请的宾客数量达到或超过两桌时，就要安排桌次了。在两桌的情况下，可分为主桌和次桌。根据宴会厅的空间布局情况，可以采用两桌横排或两桌竖排的形式。当两桌横排时，桌次是以右为尊。这里所说的右和左是以进入房间面对正门的位置来确定的（见图4-23）。当两桌竖排时，桌次讲究以远为上。这里所讲的远近是以距离宴会厅门口的远近而言的（见图4-24）。

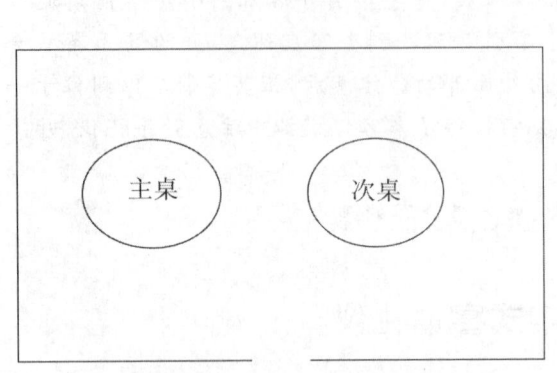

图4-23 两桌时的桌次排列（横排）　　　图4-24 两桌时的桌次排列（竖排）

2. 三桌或三桌以上的多桌宴请

（1）在安排三桌以上的多桌宴请的桌次时，首先要确定主桌，主桌的确定除了依照"众星捧月"、"视线最佳"、"依景设座"、"面门设座"、"以右为尊"、"以远为上"等规则外，还应兼顾其他各桌距离主桌的远近。通常，距离主桌越近，桌次越高；距离主桌越远，桌次越低。依据"面门设座"的桌次排序的几种形式如图4-25、图4-26、图4-27、图4-28所示。

（2）在安排桌次时，除主桌可以略大些外，其他各桌所用餐桌的大小、形状要基本一致。

（3）为了确保赴宴者能够快速准确地找到自己所在的桌次，可以在请柬上注明，并在每张餐桌上摆放桌次牌。大型宴会还需安排引位员引导来宾按桌就座。

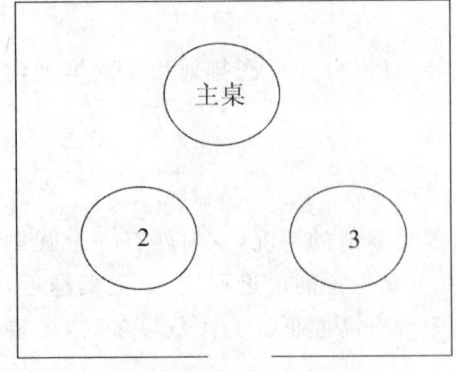

图4-25 三桌时的桌次排列（1）

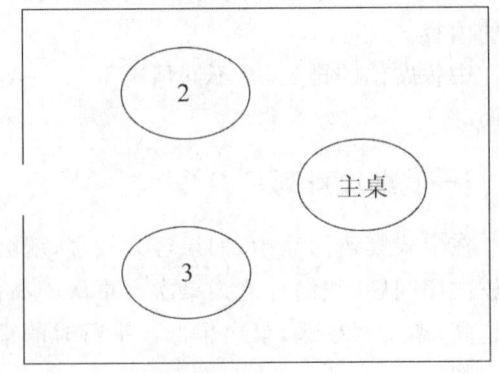

图4-26 三桌时桌次的排列（2）

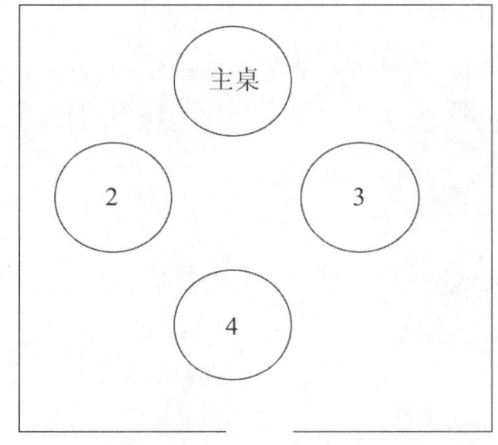
图 4-27 四桌时的桌次排列
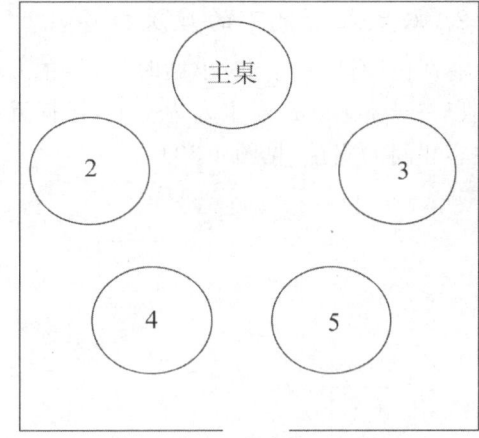
图 4-28 五桌时的桌次排列

（二）座次排列

商务宴请中的座次安排体现了一定的人际关系处理能力和平衡技巧，排序的主要依据是来宾职务的高低。安排双方的尊位时，一定要按职位排列；其他人员的座位安排除依据职位外，还可兼顾语言、业务、性格、兴趣、性别搭配等因素。

在宴请座次排序中，如果是多桌宴请，则每张桌子都应排主客双方的座次，即主方一号、二号、三号等和客方一号、二号、三号等；每张桌子的座次排序都以主方一号为中心。主桌的座次安排依双主人和单主人两种情况有所不同。

1. 单主人情况下的座次排序

只有一个主人时，就以主人为中心，主宾坐尊位，其余主客双方人员各自按"以右为尊"的原则，依次按"之"字形飞线排列，同时要做到主客相间（见图 4-29）。

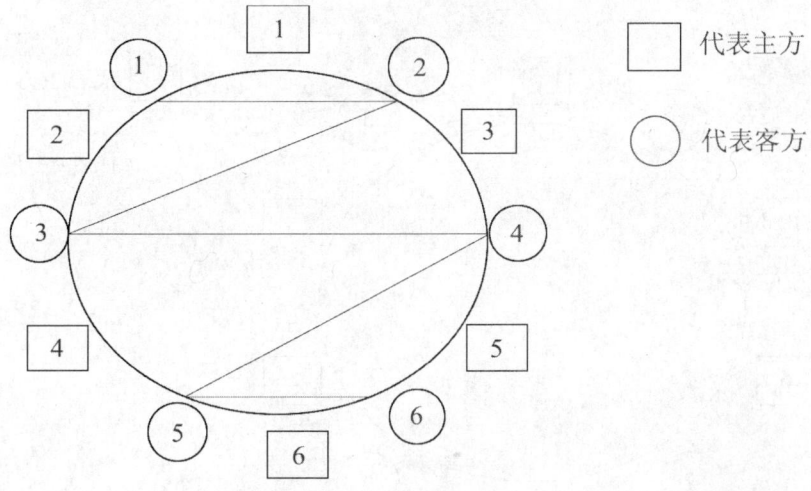
图 4-29 单主人时的座次排列

2. 双主人情况下的座次排序

有两位同性主人同时出席时，一号主人坐尊位，二号主人坐在一号主人的对面。其他人则以一号主人和二号主人为基准，根据近高远低、右上左下的原则依次排列，同时要兼顾主客相间的安排（见图 4-30）。

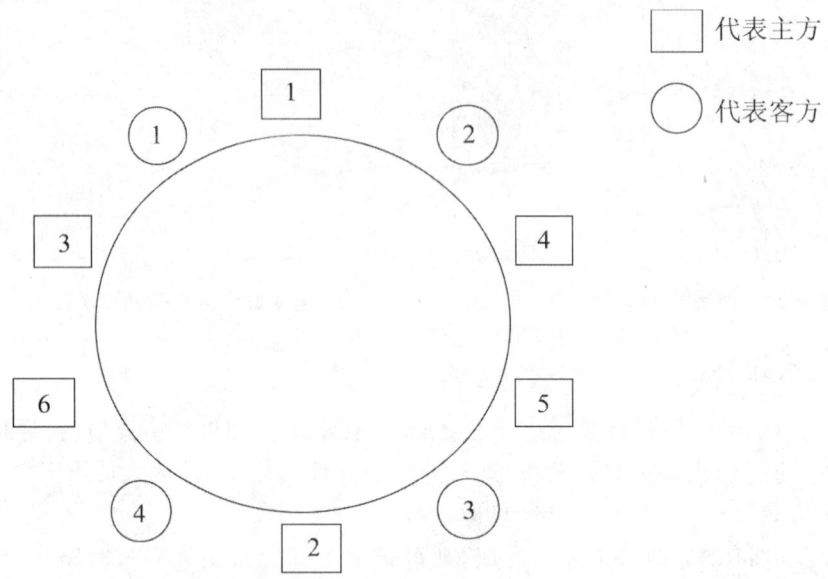

图 4-30　同性双主人时的座次排列

男女主人共同宴请时，按照主副相对、以右为贵的原则安排座次。男主人坐尊位，女主人位于男主人的对面。宾客通常随男女主人按右高左低的顺序依次对角飞线排列，同时要做到主客相间（见图 4-31）。国际惯例是男主宾安排在女主人右侧，女主宾安排在男主人右侧。

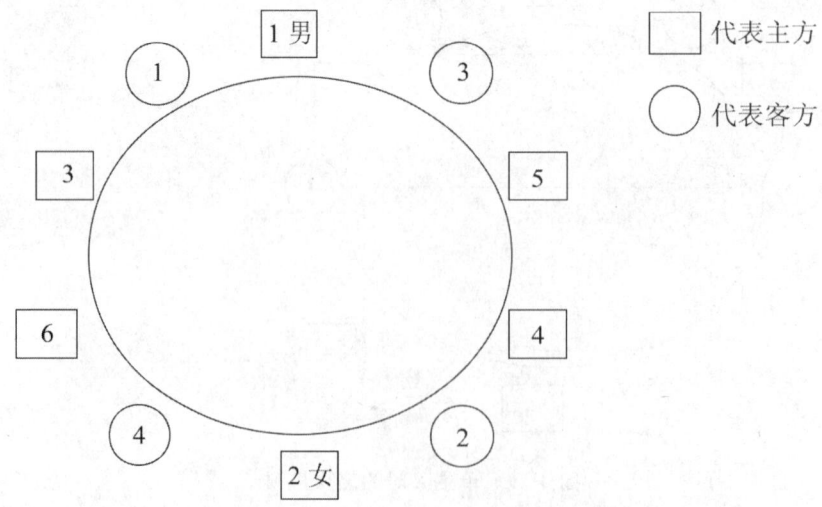

图 4-31　异性双主人时的座次排列

二、餐具的使用

中式宴请对"色、香、味、形、声、器"均有讲究,其中"器"即为餐具。讲究的餐具不仅能体现出中国的传统风格,也表示对客人的尊重。中餐餐具可分为主餐具与辅餐具两类。主餐具是指进餐时主要使用的、往往必不可少的餐具,通常包括筷、匙、碗、盘、碟等;辅餐具指的是进餐时可有可无、时有时无的餐具,它们主要在用餐时发挥辅助作用。最常见的中餐辅餐具有水杯、湿巾、水盂、牙签等。

(一) 筷子的使用

使用筷子取菜时,需要注意以下事项。

1. 不"品尝"筷子

不论筷子上是否有残留食物,都不要去舔它,更不能长时间把筷子含在嘴里。

2. 不"跨放"筷子

暂时不用筷子时,可将它放在筷子架上或放在自己所用的碗、碟边缘。不要把筷子直接放在餐桌上,更不要把筷子横放在碗、盘上,尤其是公用的碗、盘上。掉到地上的筷子不要再用。

3. 不"插放"筷子

不用筷子时,将其"立正"插放在菜肴之上尤为不可。根据民俗,只有祭拜祖先时才可以这样做。另外,也不要把筷子当叉子,去叉取食物。

4. 不"舞动"筷子

与人交谈时,应暂时放下筷子。切不可用筷子敲击碗、盘或指点他人,也不宜拿着筷子停在半空中,这样会给人一种"迫不及待要去夹菜"的感觉。

5. 不"滥用"筷子

不要以筷子代劳他事,如剔牙、挠痒、梳头等,也不可拿筷子夹取菜肴之外的东西。

(二) 匙的使用

一般情况下,尽量不要单用匙去取菜。用匙取食物时,不宜盛装过满,免得溢出来弄脏餐桌或自己的衣服。必要时,可在舀取食物后,在原处"暂停"片刻,待汤汁不再滴漏后,再将匙移向自己。

使用匙时要注意下列四点事项:

1. 使用匙时应用右手,但右手同时执筷又执匙是最忌讳的。
2. 用匙取来食物后,应立即食用,不能把它再倒回原处。
3. 若取用的食物过烫,不可用匙将其晃来晃去,也不要用嘴对它吹来吹去。
4. 食用匙里盛放的食物时,尽量不要把匙全塞入口中。

（三）碗的使用

碗在中餐中主要用于盛放主食、羹汤之类。在正式场合用餐时，用碗的注意事项主要有以下四点：

1. 不要端起碗来进食，尤其不要用双手端起碗来进食。
2. 食用碗内盛放的食物时，应以筷、匙加以辅助，切勿直接下手取用或不用任何餐具直接以嘴吸食。
3. 碗内若有食物剩余时，不可将其直接倒入口中，也不能用舌头伸进去乱舔。
4. 暂且不用的碗内不宜乱放东西。

（四）盘的使用

盘在中餐中主要用于盛放食物。盘子在餐桌上一般应保持原位，不宜挪动，而且不宜多个叠放在一起，在使用方面和碗略同。

还有一种用途比较特殊的被称为食碟的盘子，它的主要作用是暂放从公用的菜盘里取来享用的菜肴。使用食碟时，尤其要注意以下问题。

1. 一次取放的菜肴不要过多，否则看起来既杂乱不堪，又有欲壑难填之嫌；也不要将多种菜肴堆放在一起，弄不好它们会彼此"相克"，相互"串味"，既不好看，也不好吃。
2. 骨、刺要吐出时，应用筷子夹放或以手或餐巾纸遮口隐秘地吐在食碟的前端，不可吐在地上、桌上。必要时，可让侍者将食碟取走换新。要注意的是，不要让"废物"与菜肴交错，搞得一片狼藉。

（五）辅餐具的使用

1. 水杯

中餐中所用的水杯，主要是用来盛放清水、汽水、果汁等饮品的。需要注意的是，不能用水杯去盛酒，也不要倒扣水杯，更不能把喝入口中的东西再次吐回水杯中去。

2. 湿巾

如果是比较讲究的中餐，还会在餐前为每位用餐者上一块湿巾。湿巾能用来擦手，但绝对不可用来擦脸、擦嘴、擦汗。擦手之后，应将其放回盘中，由侍者取回。有时，在宴会结束前，还会再上一块湿巾，这次它可以用来擦嘴，但同样不宜擦脸、抹汗。

3. 水盂

品尝中餐有时需要手持食物进食，此时餐桌上往往会摆放一个水盂，也就是盛放清水的水盆。它里面的水并不能喝，只能用来洗手。在水盂里洗手时，注意不要乱甩、乱抖。得体的做法是两手轮流沾湿指尖，然后轻轻浸入水中刷洗。洗毕，应将手置于餐桌之下，用纸巾擦干。

4. 牙签

牙签主要用来剔牙。用餐时，尽量不要当众剔牙；非剔不可时，应以另一只手掩住口部进行，切勿张大嘴巴。剔牙之后，不要长时间叼着牙签。也不可用牙签扎取食物。

三、中餐点菜的方法与技巧

宴请时,所选菜肴是否合适,是宴请能否成功的一个重要因素。因此,主人必须对所选菜单再三斟酌,千万不能马虎。

(一)点菜方法

1. 可以点套餐或包桌。这样费用固定,菜肴的档次和数量也相对固定,比较省事。
2. 可以根据客人的喜好,在用餐现场临时点菜。这样不但自由度较大,而且可以兼顾个人的财力和口味。
3. 在套餐基础上微调。套餐往往是饭店最佳的菜肴组合,但是针对性不强;所以,在套餐的基础上增加几个客人喜欢的菜,或者将不喜欢的菜调换成喜欢的菜,不失为一个两全其美的方法。

(二)点菜技巧

1. 中餐特色菜肴

在邀请外宾时,一定要注意选择一些有明显中国特色的菜品,如饺子、春卷、元宵等菜品通常很受外国来宾的欢迎。

2. 本地特色菜肴

在宴请外地客人时,一些有名的地方菜品往往是深受客人喜爱的,如西湖醋鱼、毛家红烧肉、北京烤鸭等,这要比千篇一律的生猛海鲜更受好评。

3. 餐馆特色菜肴

如今很多餐馆都有自己拿手的特色菜,选择几份本餐馆的特色菜,也是一个不错的选择。

4. 客人喜欢的菜肴

了解客人的喜好,选择一份或几份客人特别喜欢的菜肴,能显示出主人的细心和对被请者的尊重。

5. 忌选的菜肴

在点菜时,还必须兼顾来宾的饮食禁忌,尤其是要对主宾的饮食禁忌予以高度的重视。

四、进餐礼仪

(一)餐前礼仪

1. 适度修饰仪表

在出席较正式的宴会前,每个人都应注意修饰自己的仪表,使其合乎宴请场合的礼仪要求。绝对不能穿着背心、短裤等休闲服饰出席宴会。

2. 适时到达

适时到达宴会地点是宴请的重要礼仪之一。适时的含义是既不要迟到，也不要早于15分钟以上，而应稍有提前，保证准时。到场太早会为主人添麻烦，迟到更是非常失礼的表现。如提前到达后没有休息室，可直接进入宴会厅，但切忌提前到餐桌旁落座。

3. 按座次就座

主人邀请所有宾客入座时，主人应陪同主宾率先落座，其他宾客此时方可依照主人安排的桌次和位次入座。一般而言，只要主宾双方的第一号人物就座了，其他人也可以自然落座。

4. 举止有礼

入座时宜从左侧进入，轻拉椅背，慢慢入座。坐下之后，可以调整自己的坐姿，一定要注意举止得体。正确的做法是将座椅移近餐桌，与餐桌保持适当的距离，上身挺直而坐。尚未用餐时，双手应平放在双腿上。

5. 沟通交流

落座后，邻座如不相识，可先自我介绍。相识后，应热情、礼貌地与同桌的人交谈。交谈时应注意保持平衡，不能只同熟人或一两个人说话。

6. 物品规范放置

钥匙、手机、香烟、打火机等私人物品应放进手提包内。手提包放在后背与椅背间，不能放在餐桌上或地上。

（二）席间礼仪

商务人员在席间应做到举止文明，吃相高雅。要正确地使用餐具，如遇到紧急事件，要合情合理地处理，始终保持良好的形象。

1. 席间注意自己的坐姿与举止。入席后不能在众目睽睽之下补妆或梳理头发，在进餐过程中宽衣解带、挽袖口更是不礼貌的行为。用餐中为了表示热情和关爱，通常会彼此劝酒让菜，但停留在口头上即可，一般不要为别人夹菜。说话时口中不能含有食物。要控制一些失态行为，如打喷嚏、打饱嗝、吐痰等。

2. 每上一道菜，要等主人、主宾动筷后再去取食。需要使用公筷的菜，应先用公筷将菜肴夹到自己的食碟中，再用自己的筷子夹取食用。

3. 用餐时，碗、盘等器皿不可拿在手上，应用筷子取大小适当的食物送至口中，不可一次往口中塞入过多的食物。

4. 吃有骨或壳的食物时，应尽量避免直接上手，最好使用筷子或汤匙。很烫的食物，不可用嘴吹冷匆忙送入口中，而应等其稍凉后再取食。

5. 客人在主人没有宣布宴请结束前擅自离席是不礼貌的。一旦赴宴就应尽量避免中途退场。如实在因事需要中途离席，应向主人说明理由，并向主人表示歉意。

(三) 餐后礼仪

1. 客人告辞

只有主人才有权利宣布宴席结束。主人首先从座位上站起之后,宾客们才能随之起立。在主人和主宾离开座席后,其他宾客才能采取"撤退行动"。

2. 客人致谢

客人应向主人致谢,感谢主人的盛情款待,称赞主人提供的周到安排和精美菜肴。无论你参加的宴请多么乏味,道别时都不能向主人流露出厌倦或不悦的情绪,这是非常失礼的表现。

思考与任务

一、思考

1. 简述筷子、汤匙和碗的使用方法。
2. 点菜有哪些技巧?
3. 席间要注意哪些礼仪?

二、任务

1. 以组为单位,为单主人的6主6客圆桌的座位排序。
2. 以组为单位,用有餐具的圆形餐桌模拟雪盛公司商务部经理王力宴请魅力公司销售部经理赵燕及营销员张晶,商务专员李华作陪的场景。

子项目3 会 议 礼 仪

子项目3 情景:通过两个公司的相互考察,彼此都有了一定的了解,双方都有合作的意向。一方面,双方就合作的有关问题进行会议商谈;另一方面,两个公司内部就合作的有关事宜召开会议,布置相关工作。如果这个项目双方最终谈判成功,将签订合同并召开新闻发布会。

在商务活动中,经常会有大大小小的各种会议。随着当今社会经济、文化方面的交流与合作越来越频繁,各种会议活动也越来越多,而各种不同的会议都有其一定的礼仪规范,所以会议礼仪是必不可少的。

对商务人员来说,在日常工作中必不可少的一项任务,就是要组织会议、领导会议和参加会议。商务会议主要包括展览会、展销会、洽谈会等,它是商务人员交流信息、开展活动的一种重要方式。

一、商务会议概述

会议，又称集会或聚会。在现代社会里，它是人们进行各类有组织的活动的一种重要方式。一般情况下，会议是指有领导、有组织地把人们聚集在一起对某些议题进行商议或讨论的集会。

在商界，由于各种会议发挥的作用不同，因此有着多种类型的划分情况。

（一）按照会议的规模划分

按照规模的不同，会议可分为大型会议、中型会议和小型会议。大型会议是指千人到数千人参加的会议。中型会议是指百人左右到数百人参加的会议。小型会议是指数十人到近百人参加的会议。

（二）按照会议的内容含量划分

按照内容含量的多少，会议可分为综合性会议和专题性会议。

1. 综合性会议

综合性会议即一次要讨论和研究多方面的问题的会议。这一类会议往往因为内容含量大、涉及面广，故而要求准备工作必须做得扎实、细致，会议召开的时间也较长。

2. 专题性会议

这类会议通常一次只集中解决一方面的问题，会议议题具有单一性或专一性。当然，这类会议在一个集中的议题下，根据所涉及具体问题、工作、事情的不同，也可分若干方面进行讨论和研究。

（三）按照会议召开的频次划分

按照召开的频次，会议可分为定期会议和不定期会议。

1. 定期会议

定期会议即按照一定的时间间隔或一定的循环周期固定召开的会议，亦称例会，如办公例会等。

2. 不定期会议

不定期会议即根据组织开展工作的需要随时召开的会议，如与某个公司的谈判工作布置会等。

（四）按照会议与会人员集中或分散情况划分

按照与会人员集中或分散的情况，会议可分为集中式会议与非集中式会议。

由于现代科技发达，产生了与传统的集中于一处开会不同的异地开会形式，因而也就有了与集中式会议对应的非集中式会议。非集中式会议是指借助现代通信技术举行的本地或异地会议，包括电话会议、电视会议、网络会议等，统称为电子会议。

（五）按照会议的具体性质划分

按照会议的具体性质来进行分类,商界的会议大致可以分为以下四种类型。

1. 业务型会议

它是商界的有关单位所召开的专业性、技术性会议,例如展览会、供货会,等等。

2. 行政型会议

它是商界的各个单位所召开的工作性、执行性会议,例如行政会、董事会,等等。

3. 社交型会议

它是商界各单位以扩大本单位的交际面为目的而举行的会议,例如茶话会、联欢会,等等。

4. 群体型会议

它是商界各单位内部的群众团体或群众组织所召开的非行政性、非业务性会议,例如职代会、团代会等,旨在争取群体权益,反映群体意愿。

一般来说,以上四种常见于商界的会议类型,除群体型会议之外,其他三种会议均与商界各单位的经营、管理直接相关,因此通常称为商务会议。在商务交往中,商务会议常常发挥着极其重要的作用。

二、会前会务工作

在许多情况下,不管具体从事哪项工作的商务人员,都有可能需要亲自筹办会议。所谓筹办会议,指的就是从事会务工作,即负责从会议的筹备直至其结束、善后的一系列具体事项。

会议目标的实现、会议成果的取得是由诸多因素共同决定的,其中最重要的就是会议流程的规范及会议礼仪的履行情况。

公司会议,特别是大中型会议都有一套完整的工作流程,它保证了会议管理的科学性和规范性。

（一）确定会议的主题与名称

1. 确定会议主题

会议主题是指会议要研究的问题和要达到的目的。会议议题是对会议主题的细化。会议主题的确定要有切实的依据,必须结合本单位的实际情况来明确会议的目的。

2. 确定会议名称

会议名称要拟定妥当,做到名实相符。会议名称不宜太长,但也不能随意简化,使人看不明白。会议名称一般由"单位名称＋会议内容＋会议类型"构成,应根据会议的议题或主题来确定,如"新亚公司新产品展销会";也可加上年度,有的会议名称由"单位名称＋年度＋内容"构成,如"新亚公司2016年新产品展销会"。需要注意的是,会议名称必须用正确、规范的文字表达。

(二) 确定会议的规模与规格

确定会议规模与规格的主要依据是会议的内容和主题,同时应遵循精简高效的原则。会议的规模主要体现在参会人数上;会议的规格主要体现在参会代表,特别是主宾的职位高低上。

(三) 确定会议的时间与会期

确定会议的召开时间,既要考虑主要领导是否能出席,也要根据会议内容或主题来进行安排。会议时间的确定通常应遵循以下惯例。

1. 一年一度的职工代表会议,宜于年末或次年年初召开。这样既利于总结上一年度的工作和生产成果,又方便讨论、部署新一年的工作安排和生产计划等。

2. 每周一次的工作例会,通常应放在周末的下午。一周即将结束,下一周就要开始,有承上启下的作用。

3. 每日的工作例会,可以定在上班后半小时或下班前半小时举行。

确定会期的长短应与会议内容紧密联系,本着"能开短会不开长会"的原则来确定。一般来说,会议时间应控制在100分钟以内,避免出现会议疲劳。

(四) 成立会议组织机构

一般大型会议,如展览会、产品发布会、企业职工代表大会、年终总结会等,都是由大会秘书处负责整个会议的组织协调工作的。秘书处通常下设以下小组。

1. 秘书组

秘书组负责会议的日程和人员安排,以及文件、简报、档案等文字性工作。

2. 会务组

会务组负责会场布置、文娱接待等会场服务工作。

3. 总务组

总务组负责参会人员的食宿、交通安排及其他后勤工作。

4. 保卫组

保卫组负责大会的安全保卫工作。

根据会议的规模大小和性质的不同,还可以增设其他必要的小组,如宣传组、文件组、接待组等。

如果会议规模较小,也可以只设一个总的会务组,秘书、总务、会务等各项工作责任到人,共同做好会议安排。

(五) 确定与会人员名单

根据会议的性质、议题、任务来确定出席会议和列席会议的有关人员。

召开会议的目的是解决实际问题,在这一前提下,要争取少开会、开短会,并且严格控制会议的数量与规模,彻底改善会风。因此,要在尽量精简的前提下确定与会人员名单。

(六)制定会议预算方案

相关人员应根据会议的规模和规格,在了解基本情况的前提下,制定会议预算方案。会议经费一般包括以下几项。

1. 文件资料费

包括文件资料和证件票卡的制作、印刷费及文件袋等支出费用。

2. 邮电通信费

如发会议通知、电报、传真或打电话进行联络而产生的费用;若召开电视、电话等远程会议,则使用有关设备的费用也应计算在内。

3. 会议设备和用品费

如各种会议设备的购置和租用费、购买会议所需办公用品的支出及布置会场所需要的费用等。

4. 会议场所租用费

如会议室、大会会场的租金以及其他会议活动场所的租金。

5. 会议宣传交际费

如现场录像的费用和与媒体等有关方面协作的交际费用。

6. 会议交通及食宿补贴费

会议交通费是指与会人员交通往返的费用,如果此费用由会议主办单位承担,则应列入预算;会议期间的各项活动如需使用车辆等交通工具,其费用也应列入预算。通常主办单位会对会议伙食补贴一部分,与会者自己承担一部分。住宿费如果进行补贴,也应根据具体情况列入预算;如果无住宿要求,则预算中可不列此项。

7. 其他开支

包括各种不可预见的临时性开支。

制定的会议预算方案要经过单位领导审核通过,才能予以实施。

(七)会场地点的选择

会场地点的选择包括两个方面:一是选择会议召开的地区,二是选择会议召开的具体场所。为了使会议取得预期效果,选择会议的最佳会址时需考虑以下因素。

1. 会议类型

应根据不同的会议类型来选择地点。如小型的、经常性的会议可以安排在单位的会议室。会议室尽可能不要紧靠生产车间、营业部等人声嘈杂的地方,以免开会时受到干扰。大型的商务会议可选择在风景区的宾馆召开。

2. 交通状况

现代社会筹办会议,应考虑交通是否便利和有无停车场所等问题,要让与会者的轿车、摩托车都有处停放,会议才能顺利开成。

3. 会议规模

会场的大小应与会议规模相符。会场太大,人数太少,空下的座位太多,会给人一种不景气的感觉;会场太小,人数过多,挤在一起,不仅显得小气,也根本无法把会开好。一般来说,每人平均应有 2~3 平方米的活动空间。同时还应考虑会议时间的长短,对于时间长的会议,选择的场地不妨大些。

(八)会场的布置及设备准备

1. 会场的布置

会场的气氛会直接影响与会者的情绪,这关系到会议的效果。一般大型的会议,要根据会议内容悬挂会标,将会议的全称以醒目的标语形式悬挂于主席台前上方。会标能体现会议的庄严性,激发与会者的积极参与感。

要注意会场中的灯光亮度。一般主席台上的灯光要比台下群众席的灯光亮。另外,不同色调的灯光会给与会者不同的感官刺激,如暖色调的灯光使人感觉热烈辉煌,适合庆典类会议;冷色调的灯光使人感觉庄严肃穆,适合一般工作会议。

特别重要的会议还应在会场内外插一些旗帜以烘托气氛;放置简洁明快的标语口号,振奋与会者的精神,强化会议主题;并摆放适当的花卉,点缀会议氛围,减轻与会者长时间开会的疲劳。

2. 设备准备

桌椅家具、通风设备、照明设备、空调设备、音像设备等要尽量齐全。同时应根据会议的需要租用一些特殊设备,如演示板、录音机、投影仪等。

一些常用的会议用品,如纸张、本册、笔具、文件夹、座位签、签到簿、名册以及饮料、水杯等,要及时采购、补充。

(九)会议议程与日程的安排

1. 会议议程

会议议程是对会议内容的概略安排,会议主持人就是根据会议议程来主持会议的。会议议程通常由秘书拟写草稿,交由上司批准后,在会前复印并分发给所有与会者。

2. 会议日程

会议日程是根据会议议程逐日做出的具体安排,它以天为单位,一般采用简短文字或表格形式,将会议时间分别固定在每天的上午、下午、晚上三个时间单元里,使人一目了然,如有说明可附于表后。会议日程需在会前分发给与会者。会议日程应包括会议全程的各项活动,它是与会者安排个人时间的依据。会议日程表的制定要明确具体,准确无误。

3. 安排会议议程和日程要注意的问题

(1)把握会议目的,了解会议召开的原因。应该先安排关键人物的时间,保证重要人物能够出席会议;然后根据多数人的意见安排日程,保证尽可能多的人员都有时间参加会议。

(2) 例会原则上要定时召开,且时间不宜过长。时间应控制在一个半小时以内,避免出现会议疲劳现象。

(3) 如遇多个议题需要在同一会议上讨论时,应按其重要程度排序,把最重要的议题安排在最前面,尽量保证在最佳时间讨论。一般而言,安排会议议程和日程时要注意将全体会议安排在上午,分组讨论可安排在下午,晚上则适宜安排一些文娱活动。

(十) 会议通知的下发

按常规,举行正式会议均应提前向与会者下发会议通知。会议通知是指由会议的主办单位发给所有与会单位或全体与会者的书面文件,同时还包括向有关单位或嘉宾发的邀请函件。会议通知的方式有书面、口头、电话、邮件等。

会议通知的拟发由秘书组负责,会议书面通知或邀请函的内容包括:
1. 会议的主题(或名称);
2. 召开会议的目的;
3. 出席会议的人员;
4. 会议的日程及期限;
5. 召开会议的地点;
6. 报到时间、地点以及路线;
7. 与会要求(如服装要求、应做何准备等);
8. 需携带的材料和个人支付的费用;
9. 主办单位名称;
10. 联系人姓名和电话等。

规模较大、地点较远、会期较长的会议,至少要提前 15 天发出通知;一般的会议应提前 5~7 天发出。要保证与会人员有充足的时间安排工作和寄回会议通知回执。

下发会议通知,应设法保证其及时送达,不得耽搁延误。与会人员接到通知后,应及时寄回回执,告知将参加会议人员的情况,以便大会发证、排座、安排食宿等。

(十一) 会议资料的准备

会议召开前要提前准备好相关资料,并且装订、分装。按照常规,会议需要准备的文件资料有如下几种:
1. 会场座位分区表和主席台及会场座次表;
2. 主题报告;
3. 领导讲话稿及其他发言材料;
4. 开幕词、闭幕词;
5. 议程表和日程表;
6. 其他会议材料等。

三、会议座次安排

举行商务活动的正式会议时,与会者的座次安排是一件非常重要的工作,必须按照商务礼仪的规范进行排序,尤其是身份重要者的具体座次。越重要的会议,它的座次排序就越受到社会各界的关注。实际筹办会议时,由于会议的具体规模多有不同,因此,具体的座次排序也有所不同。

(一) 大型会议的座次安排

大型会议一般是指与会者众多、规模较大的会议,如企业职工代表大会、报告会、经验交流会、新闻发布会、庆祝会等。大型会议的显著特点是会场设置主席台和群众席,主席台必须认真排座,群众席座次则可根据具体情况而定,可排可不排。

1. 主席台座次

按照面门为上、以远为上的商务礼仪规则,大型会场的主席台应面对会场主入口。在主席台上就座的人员,应当与在群众席上就座的人员呈面对面之势。在每一名成员面前的桌上均应放置双向的桌签。

主席台座次包括主席团成员、主持人、发言人等。

(1) 主席团座次

此处的主席团是指在主席台上正式就座的全体人员。主席团的座次是按人员的职务、身份高低进行排列的。按照商务礼仪规范,排定主席团座次的基本规则有三项:一是前排高于后排,二是中央高于两侧,三是右侧高于左侧(见图 4-32)。这里说的左右是指主席台上就座人员的左或右,而非群众席就座人员的左或右。

具体来讲,主席团的座次有一排和多排的不同,又有单数与双数的区分。座次多于一排时,应按身份职务由高到低,从前依次向后排列。座次为单数时,按照第一排正中间的席位为最高、右侧高于左侧的规则依次进行排列(见图 4-33);座次为双数时,第 1 和第 2 位为第一排的中间,1 在右侧,其余依次排列(见图 4-34)。

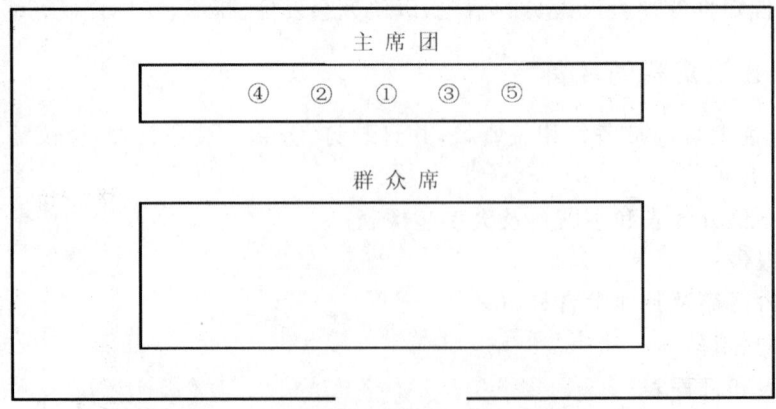

图 4-32　主席团座次

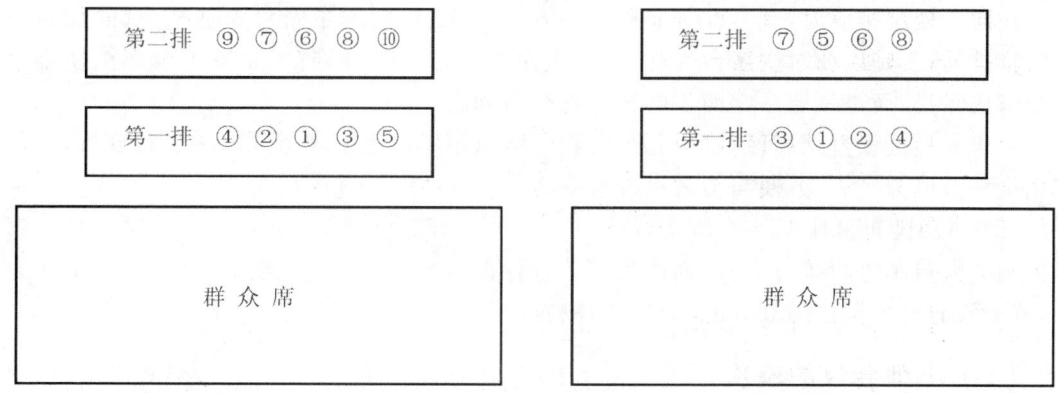

图 4-33　主席台每排人员为单数　　　图 4-34　主席台每排人员为双数

(2) 主持人席位

会议主持人,又称大会主席。其具体位置可以是以下三个位置之一:一是居于前排正中央;二是居于前排的两侧;三是按其具体身份排座,但不宜在后排就座。按座次排列在后排的主持人,一般来说,应在前排的左侧或右侧就座。

(3) 发言者席位

发言者席位,又称发言席。在正式会议上,发言者发言时不宜就座于原处。发言席的常规位置有两种:一是在主席台的正前方(见图 4-35),二是在主席台的右前方(见图 4-36)。

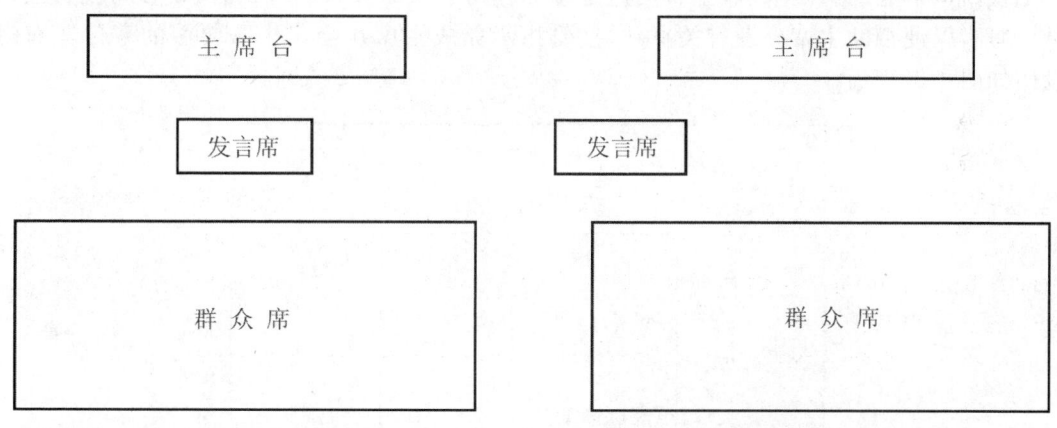

图 4-35　发言席位于主席台正前方　　　图 4-36　发言席位于主席台右前方

2. 群众席座次

在大型会议上,与主席台面对面的一切座席均称为群众席。群众席座次的排列一般有以下两种方式。

(1) 按区域就座

与会人员在群众席上按单位、部门或者行业等分成不同的区域就座。它的具体依据既可以是与会单位、部门的汉字笔画的多少或汉语拼音字母的顺序,也可以是其平时约定俗成的序列。按区域就座时,若分为前排后排,一般以前排为高,后排为低;若分为不同楼层,则楼层越高,排序越低。

在同一楼层排座时,有三种普遍通行的方式:一是以面对主席台为基准,自前往后进行横排排列;二是以面对主席台为基准,自左而右进行竖排排列;三是既不全部按横排也不全部按竖排,而是按照一定面积的区域进行排列。

对于大型会议群众席区域的划分,可用电脑以不同颜色表示不同区域进行安排,并打印出会场座位分区表,方便与会者正确就座。

(2) 自由随机就座

与会人员不进行统一安排,而由大家各自择位而坐。如果与会者的单位、部门等不集中,或者没有必要按区域划分时,可以选择自由式就座。

(二) 小型会议的座次

当参加会议的人员较少时,就构成了小型会议。小型会议的显著特征是:所有与会者不管身份、职位高低,均要进行座次排列,且会场中不单设专用的主席台。

一般小型会议的会场可以布置成圆桌型(椭圆形)或者方桌型(长方形),领导和会议成员可以互相看见,有利于与会人员互相交换意见,这种形式适合于 15~20 人的小型会议,如周例会、月例会、董事会等。小型会议的排座目前主要有以下两种形式。

1. 面门设座

面门设座一般以面对会议室正门之位为会议主席之座,即尊位。通常会议主席坐在离会议门口最远的桌子末端;主席两边是参加公司会议的客人和拜访者,或者高级管理人员、助理,以便帮助主席分发有关材料、接受指示完成主席在会议中需要做的事情。面门设座如图 4-37 所示。

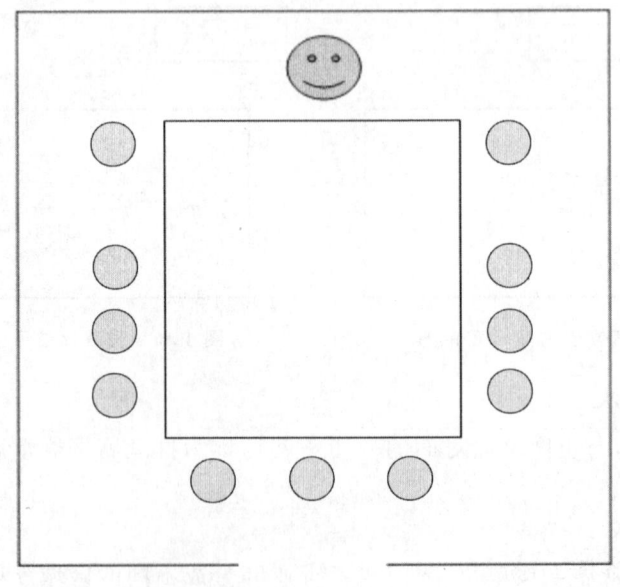

图 4-37　面门设座

2. 依景设座

所谓依景设座,是指会议主席的座位不必面对会议室正门,而是背依会议室内的主要景致,如字画、屏风等。依景设座如图 4-38 所示。

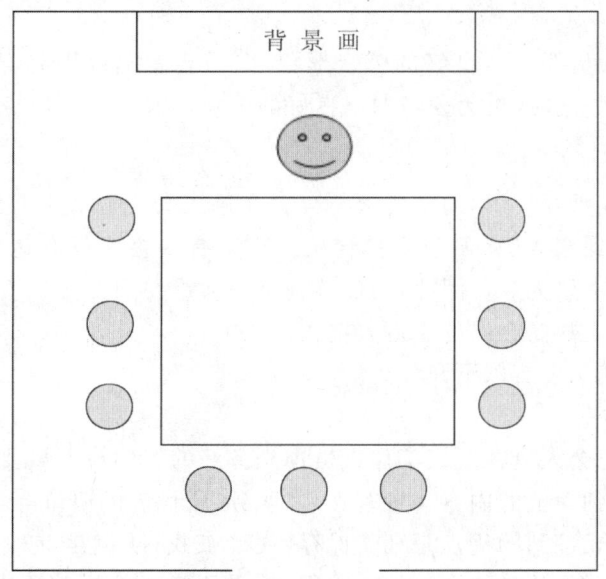

图 4-38　依景设座

3. 座次排序

小型会议也可采用长方形或椭圆形的会议桌,如图 4-39、图 4-40 所示。

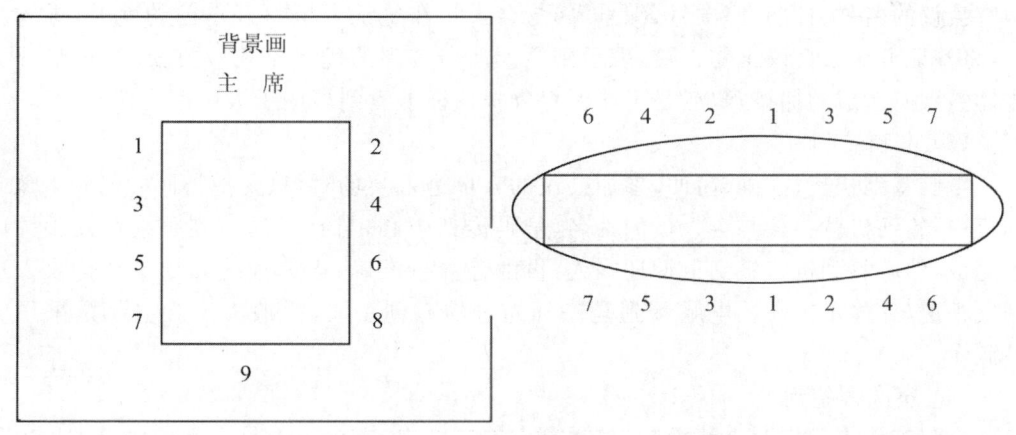

图 4-39　小型会议座次排序(1)　　　图 4-40　小型会议座次排序(2)

四、会中会务工作

会议召开期间,会务人员要做好会中服务工作。

1. 例行服务

会议举行期间，一般应安排专人在会场内外负责迎送、引导、陪同与会人员等工作，对与会的贵宾往往还需进行重点照顾。会议服务人员对与会者的正当要求应做到有求必应。

会议接待服务人员要塑造良好的公众形象，向与会者提供周到、热情的会议接待服务，在展现个人风貌的同时，也为公司树立良好的公众形象。

2. 会议签到

一般大型会议或重要会议，通常要求与会者在进入会场时签名报到。会议签到是为了及时、准确地统计到会人数，便于安排会议工作。有些会议只有达到一定人数才能召开，否则会议通过的决议无效。因此，会议签到是一项重要的工作。负责此项工作的服务人员，应及时将签到人数向会议的负责人报告。

会议签到的方式一般有以下几种。

(1) 簿式签到

簿式签到是指与会人员在会议工作人员预先备好的签到簿上按要求签名及填写其他信息，表示到会。签到簿上的内容一般有姓名、职务、所代表的单位等，与会人员必须逐项填写，不得遗漏。簿式签到的优点是利于保存，便于查找；缺点是这种方式只适用于小型会议。对于一些大型会议，参加会议的人数很多，采用簿式签到就不太方便，甚至无法做到，因为统计工作量太大，耗费时间，难以及时掌握到会人员情况。

(2) 证卡签到

证卡签到是指会议工作人员将印好的签证卡事先发给每位与会人员，签证卡上一般印有会议的名称、日期、座次号、编号等，与会人员在签证卡上写好自己的姓名，进入会场时，将签证卡交给会议工作人员，表示到会。证卡签到的优点是比较方便，避免临开会时群体签到所造成的拥挤；缺点是不便保存查找。证卡签到多用于大中型会议。

(3) 电脑签到

电脑签到快速、准确、简便，参加会议的人员进入会场时，只要把特制的签到卡放入签到机内，签到机就会将与会人员的姓名、号码传到中心，与会者的签到手续在几秒钟内即可完成，然后签到机将签到卡退还本人，再由计算机准确、迅速地统计出参加会议人员的到会情况，并显示出来。电脑签到是一种先进的签到手段，一般大型会议都是采用电脑签到。

(4) 座次表签到

会议工作人员按照会议模型，事先制定好座次表，座次表上每个座位按要求填上相应的与会人员姓名和座位号码。参加会议的人员到会时，就在座次表上销号，表示出席。安排与会人员座次一般有一定的规律，如从几号到几号是某部门代表的座位，要将同一部门的与会人员集中在一起，便于与会者查找自己的座次号。采用这种方式，参加会议的人员在签到时就可以知道自己的座次号，从而起到引导的作用。

(5) 会议工作人员代为签到

会议工作人员事先制定好参加本次会议的花名册，开会时，来一人就在该人名字后画上记号,表示到会;缺席和请假的人员也要用规定的记号表示。例如"√"表示到会,"×"表示缺席,"0"表示请假等。这种会议签到方法比较简便易行,但要求会议工作人员必须认识绝大部分与会人员,所以这种方法只适用于小型会议和一些常规性会议。对于一些大型会议,与会人员很多,会议工作人员不能认识大部分人,逐个询问到会人员的姓名很麻烦,所以大型会议不适宜采用这种方法。

如果是非常重要的会议,要求接待档次比较高,可以派礼仪小姐承担签到任务。签字台备有钢笔和签到本。向客人递钢笔时,应脱下笔套,笔尖对自己,将笔双手递上。签到本应精致些,以便保存。如需发放资料,应礼貌地双手递上。签到后,会议接待人员应有礼貌地将与会者引入会场就座。对重要领导应先引入休息室,由单位领导亲自作陪,会议开始前几分钟再到主席台就座。

3. 餐饮安排

举行较长时间的会议时,一般应为与会者安排工作餐。与此同时,还应为与会者提供卫生可口的饮料。会上所提供的饮料,最好便于与会者自助饮用,不提倡为其频频斟茶续水,那样做既不卫生、安全,又有可能妨碍对方。如果有必要,还应为外地前来的与会者在住宿、交通等方面提供力所能及、符合规定的方便服务。

4. 现场记录

凡重要的会议,均应进行现场记录,其具体方式有笔记、打印、录入、录音、录像等。可单用某一种,也可交叉使用。

用手写笔记进行会议记录时,对会议名称、出席人数、时间、地点、发言内容、讨论事项、临时决议、表决选举等基本内容的记录要力求做到完整、准确、清晰。

五、会后会务工作

(一)协助与会者返程

大型会议一结束,服务人员应立即开启会议室大门,并在门口立岗送客,面带微笑道别。主办单位一般应为外地来的与会者提供一切返程的便利服务。若有必要,应主动为对方提供交通工具,或替对方订购、确认返程的机票、船票、车票。当团队与会者或与会的特殊人士离开本地时,还应安排专人为其送行,并帮助其托运行李。

(二)处理会议材料

会议结束后一般应对与会议有关的一切图文、声像及纸质等材料进行细致的收集和整理。收集、整理会议材料时,应遵守规定与惯例,对需要汇总的材料一定要认真汇总,应该存档的材料要一律归档;根据保密原则,应该回收的材料一定要如数收回,应该销毁的材料务必要仔细销毁。

根据会议记录整理会议纪要,并对会议进行总结。对于会议决议、会议纪要等,一般要求尽快形成正式文件,会议一结束就下发或公布。

六、参加会议者的礼仪规范

参加会议的所有人员都应注意自己的形象,包括筹办会议人员及会议服务人员。

(一) 主持人的礼仪

会议的主持人是整个会议的中心。商务会议的主持人,一般由具有一定职位的人来担任,其礼仪表现对会议能否圆满成功有着重要的影响。主持人应很好地控制会议的气氛和进程,并促使与会者齐心协力,达到会议预期的目的。

1. 主持人的基本礼仪

(1) 主持人应衣着整洁,大方庄重,精神饱满,切忌不修边幅,邋里邋遢。

(2) 主持人走上主席台应步伐稳健有力,行走的速度因会议的性质而定,一般来说,对于节奏快、气氛热烈的会议,步频应较快。

(3) 主持人入席后,如果是站立主持,应双腿并拢,腰背挺直。持稿时,右手持稿件的底部中间,左手五指并拢自然下垂;双手持稿时,应与胸齐高。坐姿主持时,应身体挺直,双臂前伸,两手轻按于桌沿,主持过程中,切忌出现搔头、揉眼、抖腿等不雅动作。

(4) 主持人言谈应口齿清晰,思维敏捷,简明扼要。

(5) 主持人对会场上的熟人不能打招呼,更不能寒暄闲谈,可在会议开始前或会议休息时间对其点头、微笑致意。

2. 会议主持程序

对会议程序进行控制,是主持人的主要职责。会议主持的基本程序如下:

(1) 主持人宣布会议开始,并致欢迎辞。如果是公司内部的一般会议,则不必致欢迎辞。

(2) 宣布会议的目的和注意事项。

(3) 请做报告者或者演讲者开始报告或演讲。根据具体情况,一般要向大家简要介绍报告者或者演讲者的情况,包括演讲者的背景以及邀请其演讲的缘由等,介绍一般不应超过三分钟。如果演讲者有很高的知名度,那么主持人则不必再费时对其进行特别介绍,只需热情邀请即可,例如:"今天我们请到的是××公司的××总裁为我们做报告。××先生是业内的知名人士,想必大家早已耳闻大名。现在让我们以热烈的掌声请××先生为我们做报告。"

(4) 主持人应对报告内容做出恰如其分的评价。对于很有价值的报告应用恭敬、诚恳的语气进行赞美;对于一般性的报告也应给予礼节性的肯定,并对演讲者再次表示感谢。如果接下来还有其他演讲者,就继续为大家介绍下一位演讲者,请演讲者做报告。

(5) 主持人宣布会议结束。会议按照预定程序完成后,主持人应对会议作简要的总结。如果就某些问题大家达成了一致的意见,在会议结束前应予以重申。会议结束时,主持人应对前来出席会议并提供帮助的人表示感谢,另外还要对协助组织会议的工作人员表示感谢。当完成会议的既定议程后,主持人宣布会议结束。

(二) 会议发言人的礼仪

1. 一般会议发言者的礼仪

会议发言分正式发言和自由发言两种,前者一般是领导报告,后者一般是讨论发言。

正式发言者应衣冠整齐,走上主席台应步态自然,刚劲有力,体现一种成竹在胸、自信自强的风度与气质;发言时应口齿清晰,讲究逻辑,简明扼要。如果是书面发言,发言者应时常抬头扫视一下会场,不能一直低头读稿,旁若无人。发言完毕,应对听众的倾听表示谢意。

自由发言则较随意,但应注意发言要讲究顺序和秩序,不能争抢发言;发言应简短,观点应明确;与他人有分歧时,应以理服人,态度平和,听从主持人的指挥,不能只顾自己。

如果有会议参加者对发言人提问,发言者应礼貌作答,对不能回答的问题,应机智而礼貌地说明理由;对提问人的批评和意见应认真听取,即使提问者的批评是错误的,也不应失态。

2. 演讲者的礼仪

如果发言人为演讲者,应注意以下礼仪。

演讲者或发言人是会场的中心人物,演讲者礼仪即指演讲者在演讲前后和演讲时对听众的礼节。演讲者礼仪主要体现在以下几个方面。

(1) 进入会场时的礼仪

如果听众已经坐好,几位演讲者同时进入会场时,不可在门口推托谦让,而应以原有的顺序进入会场;听众如果起立、鼓掌欢迎,演讲者应边走边举手表示谢意,不可东张西望,更不要止步与熟人打招呼、握手。

进入会场时如果听众还没有完全入场,演讲者要寻找靠近讲台的位置坐好,不要在门口观望或等听众坐好后再进场。

(2) 落座前后的礼仪

有人陪同时,要等陪同人指示座位,并等待与其他演讲者同时落座。自己先坐下是有失礼节的行为。

如果演讲者先进入会场,会议主持人发现并主动安排座位时,应马上服从,按指定座位坐好,并表示谢意。坐好后不要左顾右盼找熟人,更不要主动与别人打招呼。

(3) 介绍时的礼仪

演讲前主持人常常要向听众介绍演讲者。主持人提到名字,演讲者应主动站起来,立直身体,面向听众,并微笑致意,估计听众可以认清自己后再转身坐下。如果主持人介绍了演讲者的成绩或事迹后,听众反响特别强烈,演讲者应再次起身,向听众示意致谢,如果反响一般则不必再次起身致意。

(4) 走上讲台时的礼仪

当主持人邀请演讲者上台时,演讲者应站起身来,首先向主持人点头致意,然后走向讲台。走路时要目视前方,用余光看路。走上讲台后要慢步自然转弯,面向听众站好,正面扫视全场,与听众进行目光交流,然后以诚恳、恭敬的态度向听众致鞠躬礼或点头礼,稍稍稳定一下之后再开始演讲。

(5) 走下讲台时的礼仪

演讲完毕后,要向听众敬礼,向主持人致意,如果听到掌声,应再次向听众表示谢意,然后下台回原座位。

(三) 与会者的礼仪

对于大多数与会者而言,应注意的礼仪包括以下三个方面。

1. 穿着适合的服饰

大多数会议,特别是大型会议,会议参加者应衣着整洁,仪表大方。男士一般穿西服套装;女士除了可以穿套裙,还可以穿裤装和长裙。

2. 遵守会议纪律

遵守会议纪律是每个与会者都应做到的,这既是对会议组织者的尊重,也是对其他与会者的尊重。会议纪律通常包括以下几个方面。

(1) 按时到会,进出有序,依会议安排落座,中途一般不要随意进出。

(2) 开会时,应集中注意力,不要私下小声说话或交头接耳,不打瞌睡,不翻阅资料。

(3) 保持会场安静,不大声喧哗,不接打手机。

(4) 因故必须中途离开时,应当向有关人员讲明原因,离席时要弯腰、侧身、轻手轻脚,尽量不影响他人,并表示歉意。

3. 尊重主持人和演讲者

与会者作为客人,应服从会议组织者的安排。在会场,与会者应听从主持人的安排,并对主持人的提议做出积极回应。演讲者的发言结束时,与会者应报以热烈的掌声,以此向发言人表示赞赏和感谢。

七、常见的商务会议礼仪

(一) 展览会礼仪

展览会,简称展览或展示,对商界而言,主要是指有关单位和行业组织,甚至政府所组织的推广介绍商业产品和技术,促进商品宣传和流通的商业性聚会。

展览会礼仪,通常是指商界单位在组织、参加展览会时所应当遵循的规范与惯例。举办展览会要注意以下几个方面的礼仪。

1. 统一着装

在展位上工作的人员应当统一着装,最佳选择是身穿本单位的制服,或者深色的西装、套裙。参展单位若安排专人迎接宾客,则最好请礼仪小姐身穿色彩鲜艳的单色旗袍,并胸披写有参展单位或其主打展品名称的大红色缎带。全体工作人员除礼仪小姐外,都应佩戴标明本人单位、职务、姓名和有本人彩照的胸卡。

2. 维护形象

要努力维护企业的整体形象。工作人员不应佩戴首饰，男士应当剃须，女士则最好化淡妆。做到站立迎客，不迟到、早退，不无故脱岗、东游西逛，时时注意礼貌待人。

3. 及时引导

当观众走近自己的展位时，工作人员应面向对方，稍许欠身，面带微笑，伸出左手，掌心向上，指尖直指展台，欢迎对方前来参观。

4. 热情解答

当观众在本单位的展位上进行参观时，工作人员可随行于其后，以备对方向自己进行咨询；对于观众所提出的问题，工作人员要认真做出回答，不可置之不理，更不能以不礼貌的言行对待对方。

5. 以礼相送

当观众离去时，工作人员应当真诚地向对方欠身施礼，并道以"谢谢光临"或"再见"。

6. 讲究文明

在任何情况下，工作人员均不得对观众恶语相加或讥讽嘲弄。对于个别不守展览会规则而乱摸乱动、乱拿展品的观众，也仍需以礼相劝，必要时可请保安人员协助，但不允许对观众擅自动粗，进行打骂、扣留或者非法搜身。

（二）展销会礼仪

展销会是边展览边销售的一种商业活动形式，它兼有展览和销售两种功能，用于集中宣传某类产品或突出宣传企业的各种产品。举办展销会要注意以下几方面的礼仪。

首先，展销会的环境布置要隆重、典雅，体现出一种文化氛围。展区布置要具有鲜明的特色，富有感染力；展销产品的摆放要讲究艺术性和技巧性，既要突出产品特点，又要方便顾客购买。

其次，展销会的营业员和工作人员要给来宾留下良好的印象，服饰要整洁统一，仪容要修整干净，并佩戴有关标志，面带微笑地迎送每一位来宾。展销厅的各个商品展区都要有礼仪人员，为顾客提供周到、礼貌、热情的服务，主动为顾客介绍商品，并耐心回答顾客的咨询。

最后，展销会的目的是扩大业务联系，扩大宣传，增加营业额，因而对所有客户——无论新客户还是老客户，大客户还是小客户——都要给予同样的礼遇。

在有许多竞争产品参展的展销会上，切不可为推销自己的产品而贬低别人的产品，这是失礼的行为。可以着重介绍自己的产品的优点，但不宜进行比较性的评判。

（三）新闻发布会

新闻发布会，简称发布会，也称记者招待会。这是一种主动传播各类有关信息，谋求新闻界对某一社会组织或某一活动、事件进行客观而公正的报道的有效宣传方式。

新闻发布会的准备工作比较烦琐，一般包括主题的确定，场地、时间的选择，记者的邀请,来宾的确定,会议材料的准备等具体工作。做好新闻发布会的会前准备,可以保障会议的顺利进行,最大限度地减少可能的突发状况。

1. 主题的确定

召开一次新闻发布会,首先应确定主题。主题确定是否恰当,往往直接关系到预期目标能否实现。

常见的新闻发布会的主题大致有两种类型。

(1) 说明性主题

如企业新产品的推介、企业的经营方针的确立、企业的重大人事变动,等等。

(2) 解释性主题

如企业产品出现了质量问题,企业惹上了官司,企业出现了重大事故或引起市民的种种猜测,等等。

主办单位可根据具体情况,确定好新闻发布会的相关主题。新闻发言稿一定要言简意赅,因为许多媒体会直接引用散发的材料;同时,要特别注意文字的连贯、逻辑的严谨和意义的完整,不要让人产生误解。

2. 时间的选定

时间选择是否理想,对新闻发布会的效果有着重要影响。选定时间时要注意以下几点。

(1) 避开节日与假日。

(2) 避免与本地重大社会活动相冲突。

(3) 防止与新闻界的重点宣传报道撞车。

(4) 防止与重要来宾(主要是权威部门的领导)的时间安排相冲突。

(5) 避开其他单位的新闻发布会。

但有些突发性事件,由于时效性极强,拖延时间举行新闻发布会可能会失去意义,因此应抓紧时间,一旦掌握了事情的真相,就要马上组织召开新闻发布会。有些新闻是一点一点水落石出的,那么就要召开连续的新闻发布会。

3. 举行地点的选择

举行新闻发布会的地点,可以考虑本单位所在地,事件的发生地,当地较有名气的宾馆、会议厅,也可以在其他庄重的场地举行。

发布会的现场还应考虑交通是否方便,采访条件是否优越,音响效果是否完美,录像设备是否完好,座位是否够用等因素。

4. 邀请记者范围的确定

新闻发布会主要是面向新闻记者发布消息的,所以记者是主宾。邀请哪些记者参加,应根据发布会的性质而定。如果是为扩大影响和知名度,可以多种类、多层次地广邀记者参加;如果只在一定范围内进行宣传、解释,则邀请面可小些。

邀请的记者名单确定后,应提前3~4天将请柬或邀请函送到新闻单位或记者本人手中,并及时利用电话联系,落实记者的出席情况。因为有些记者可能临时有别的事情,媒体一般会派出其他记者出席,这就需要做好衔接工作。有时记者需要主办单位派车接送,也要妥善做好安排,类似的问题都应及时了解并做出相应的安排。

5. 相关人员的选定

新闻发布会主持人、发言人的确定非常重要,选择是否得当,往往直接关系到会议的成败。因此,新闻发布会的主持人大都由主办单位的公关部部长、宣传部部长、办公室主任或秘书长担任,而且应该是反应灵敏、语言流畅、善于把握大局、引导提问,具有丰富的会议主持经验的人。

而发言人通常由本单位的领导人(主管领导、直接领导或单位一把手)担任,因为领导人对本单位的方针、政策及各方面情况比较了解,他们回答记者提问更具有权威性。

发言人应具有思想修养好、学识渊博、思维敏捷、能言善辩等特长。

此外,还要挑选一些本公司的员工负责现场的礼仪接待工作,最好选择形象好、素质高的青年男女。

6. 会议材料的准备

召开新闻发布会前,主办单位通常要安排专人准备好如下四个方面的主要材料。

(1) 发言人的发言稿

发言稿既要紧扣主题,又要全面、准确、真实、生动。

(2) 回答提纲

为了使发言人在现场回答问题时表现自如,可事先预测一下记者将要问到的问题,并准备好答案,以使发言人心中有数,在必要时可以参考。

(3) 报道提纲

一个单位召开新闻发布会是有自己的宣传目的的,因此可以事先将报道的重点,有关的数据、资料编印出来,作为记者采访报道的参考资料。在提纲上通常应列出单位名称、联系电话、传真号、网址等信息,供新闻界人士参阅。

(4) 其他辅助或背景材料

这些材料包括图片、实物、模型、录像、光盘等,其目的是增强发言人的讲话效果,加深与会者对会议主题的认识和理解。

7. 其他准备工作

召开新闻发布会之前除了要做好以上准备工作外,还应做好会场的布置、音响设备的调试、礼品的准备、座次的安排、工作人员胸卡的制作,以及与会人员的仪态举止训练等事项。

8. 新闻发布会的程序

新闻发布会的会议程序要安排得详细、紧凑,以避免出现冷场和混乱局面。

(1) 签到

在新闻发布会的入口处要设立签到处,安排专人负责签到、分发材料、引入会场等接待工作。接待人员要热情大方,举止文雅。

(2) 会议三部曲

① 主持人将召开新闻发布会的目的,将要发布的消息或要公布的真实情况作简要介绍。

② 主持人应根据会议主题调节好会议气氛,当记者的提问离会议主题太远时,主持人应巧妙地将话题引向主题;当会议出现紧张气氛时,主持人要能够及时调节、缓和气氛。

③ 主持人要切实把握好会议的进程和时间。

(3) 领导人发言

领导人在会上发言时,切忌说大话、空话和套话,一定要突出重点,内容力求真实、生动、细致,恰到好处;语调要自然,吐字要清晰,不能使用太长的书面语言,宜用精练恰当的口语表达。

(4) 回答记者提问

领导人在回答记者提问时要准确、自如,不要随便打断记者的提问。对不愿透露或不好回答的事情,不应吞吞吐吐,要婉转、幽默地向记者做出解释。

遇到不友好的提问,应该保持冷静,礼貌地阐明自己的看法,不能激动发怒,以免引出负面报道,这样对自己和公司都是不利的。

(5) 会议结束

新闻发布会结束后,主办人员要向参加者一一道别,并感谢他们的光临。个别记者有特殊要求时,有关人员还应耐心地予以答复。

新闻发布会后,主办单位还应及时收集到会记者做出的报道,检查是否达到了举办新闻发布会的目的;如果有不利于本单位的报道,应予以更正、说明。

思考与任务

一、思考

1. 什么是会议主题、会议议题、会议议程、会议日程?
2. 会议的规模和规格是依据什么来确定的?
3. 发会议通知时应该写清哪些事项?
4. 简述与会者与发言者的礼仪要求。

二、任务

1. 自拟情景,每个同学书写一份会议通知。
2. 以组为单位,进行以下情景的模拟练习:

(1) 雪盛公司将召开职工大会,主席台将坐两排共9人。请为主席台人员安排座次。

(2) 魅力公司召开中层及以上管理人员内部会议,共有7人参加。请为该会议安排座次。

子项目4 商务谈判礼仪

子项目4 情景:雪盛公司和魅力公司经过考察了解,对合作项目都有意向,经过各自公司研究决定,继续进行商谈。双方经过协商决定进行正式谈判。

商务谈判是指交易双方为了达成交易或解决矛盾争端,获取或维护各自的经济利益而进行的一种双边信息传播的活动。

商务谈判是商务人员需要经常参加的一项商务活动,也是最重要的商务活动之一。一般来讲,只有在融洽的气氛中,双方做到互相尊重、互相理解,商务谈判才能取得最好的效果。而要达到互相尊重、互相理解,谈判中就不能只讲策略而不讲礼仪。有位商务专家曾经指出:"礼仪是洽谈双方最重要的沟通桥梁。"

商务谈判礼仪是指商务人员在商务谈判过程中所必须遵守的、用来维护组织形象和对谈判对手表示尊重与友好的惯例以及形式。要想取得谈判的成功,除了双方要悉心准备、认真对待、求同存异、共促合作之外,良好的谈判礼仪也能为谈判创造和谐友好的谈判氛围,从而有利于谈判取得成功。

一、谈判地点的安排

根据商务谈判举行的地点的不同,可以分为客座谈判、主座谈判、主客座轮流谈判以及第三方地点谈判四种。

1. 客座谈判

客座谈判是指安排在谈判对手所在地进行的谈判。

2. 主座谈判

主座谈判是指安排在己方所在地进行的谈判。

3. 主客座轮流谈判

主客座轮流谈判是指在谈判双方所在地轮流进行的谈判。

4. 第三方地点谈判

第三方地点谈判是指安排在不属于谈判双方任何一方所在地的谈判。因为谈判地点涉及谈判的环境心理因素问题,谈判双方一般均争取选择自己熟悉的主场,所以谈判地点的安排应通过各方协商而定。

二、主座谈判的准备

主座谈判因在主方所在地进行,为确保谈判顺利进行,主方通常需做一系列的准备和接待工作。

(一) 对客方的接待工作

在主座谈判的情况下,作为东道主的一方出面安排各项谈判事宜时,一定要在迎送、款待、场地布置、座次安排等方面做精心周密的准备,尽量做到主随客便、主应客求,以获得客方的理解、信赖和尊重。

主座谈判接待工作与之前所学的接待礼仪基本相同。只是商务谈判是非常正式和重要的商务活动,接待工作要求更加严谨和认真。

1. 接待的准备

(1) 了解基本情况

主方可向客方索要谈判代表团成员的基本情况,包括其姓名、性别、职务、级别及一行人数等,以此作为确定接待规格和食宿安排的依据;了解客方的谈判目的和要求,以及食宿标准、参观访问、观光游览等愿望;掌握客方抵达、离开的具体时间、地点、交通方式,以便安排迎送的车辆和人员及预订、预购返程车票、飞机票。

(2) 成立接待小组

接待小组成员应由后勤保障(食宿方面)、交通、通信、医疗等各环节的相关负责人组成,涉外谈判还应备有翻译。

(3) 拟订接待方案

根据客方和主方的实际情况,确定接待级别,拟订出接待计划和日程安排表。日程安排表拟出后,可通过合适的方式征求客方意见。如果是涉外谈判,则要将日程安排表译成客方文字。

主方可根据实际情况举行接风、送行、庆祝签约等相关的宴会或招待会。客方谈判代表在谈判期间的费用通常由其自理,主方主动邀请并事先说明承担费用的情况例外。

2. 迎送和招待工作

根据确定的接待级别和拟定的接待方案,主方应按时迎送客方的谈判代表,并做好谈判期间的所有招待工作。

准确掌握客方抵达或离开的时间,主方所有迎送人员都应先于客方到达指定地点迎候。如果客方是远道而来,主方应主动到机场、车站、码头迎接,一般要提前 10~15 分钟赶到,接站时为方便双方确认,可以举迎接牌,牌子上可以写上"××公司欢迎您"的字样。

迎接的客人较多的时候,主方迎接人员可以按身份职位的高低顺序列队迎接,并由主方领导先将前来迎接的人员介绍给客方人员,再由客方领导介绍其随行人员,双方人员互相握手致意,问候寒暄。

客方抵达(由机场、车站、码头前往下榻宾馆)或离开(由宾馆前往机场、车站、码头)时,主方应有迎送人员陪同乘车,关照好客方的人员和行李的安置。

在谈判期间,主方要做好招待工作,尤其在食宿方面,要提前了解对方的风俗、口味,努力为对方创造舒适的环境。对客方提出的非原则性问题或要求,要尽量解决或满足,从而保证客方心情愉悦,以利于谈判的顺利进行。同时,为了联络感情、消除隔阂,往往还要准备礼品。

(二) 谈判场所的选择

商务谈判对谈判场所的要求是严肃、安静。一般来说,大型谈判的场所要求比较正式,而小型谈判的场所可稍微随意。

谈判场所可以是主方单位会议室或者客方下榻宾馆租用的会议室。若是小型的谈判,也可以在宾馆的套房的外间举行,甚至参观现场也都可以,但不能在客方下榻宾馆的客房举行。同时要注意不同的场合要用不同的谈判方式。例如,在参观现场等场合比较适宜交流、沟通,而在会议室则更适合相互讨价还价。

若客方来到主方所在城市,则一定要安排在主方单位举行至少一次谈判。对合作伙伴来说,这是对合作方的一次综合性感受。虽然这种感受是比较表面的,但客方依然可以通过诸多细节对主方的实力、组织、管理、员工素质等做出一个初步判断。这时候,主方安排活动就不能仅仅以安排谈判本身作为唯一重点。

若是安排在主方单位或客方下榻宾馆以外的地方谈判,则要考虑交通是否方便、周围环境是否安静等问题。

谈判场所的确定要及时征求客方的意见,必要时做出适当调整。

(三) 谈判场所的布置

正式谈判场所的布置要以庄重、严肃为基本原则,必要时可以制作一些适合的横幅或标语,并准备好各种会议设备和文具,如白板、幻灯机、多媒体投影仪以及记录用的纸张、签字笔等,有时候还要配置录像设备、影音播放设备等,并为客人准备茶水。

谈判室内应做到整洁卫生,光线明亮,温度适宜,环境安静。主方在布置会场时,要注意室内的温度和光线的调节,力避声响嘈杂,喧哗干扰;装饰陈设要高雅明快,空间宽阔;房间可陈设谈判桌椅、沙发、衣帽架等,也可有相应的盆栽或插花点缀。

(四) 谈判座次的安排

对于谈判的准备,主方不仅应当布置好谈判场所的环境,预备好相关的用品,还需要在谈判前安排好谈判座次。

谈判座次安排的基本原则与会客座次相同:面门为上,以远为上,以右为上,中间为上。

谈判座次的安排包含两个方面:一是谈判双方的座次位置,二是谈判一方内部的座次位置。

比较正式的谈判一般安排在会议室进行。举行双边谈判时,常用长方形或椭圆形的谈判桌,宾主应分坐于桌子两侧。根据谈判桌在会议室的摆放不同,座次也有所不同。

1. 横桌式

横桌式是谈判桌横放于会议室正门的一种方式。面对正门的一方为尊位,应属于客方;背对正门的一方为下位,应属于主方。在谈判时,各方的主谈人员应在自己一方居中而坐,其余人员应遵循右高左低的原则,依照职位的高低自近而远分别就座于主谈人员的两侧。如果是涉外谈判,需要译员,则应安排其就座于仅次于主谈人员的位置,即主谈人员的右侧(见图 4-41)。

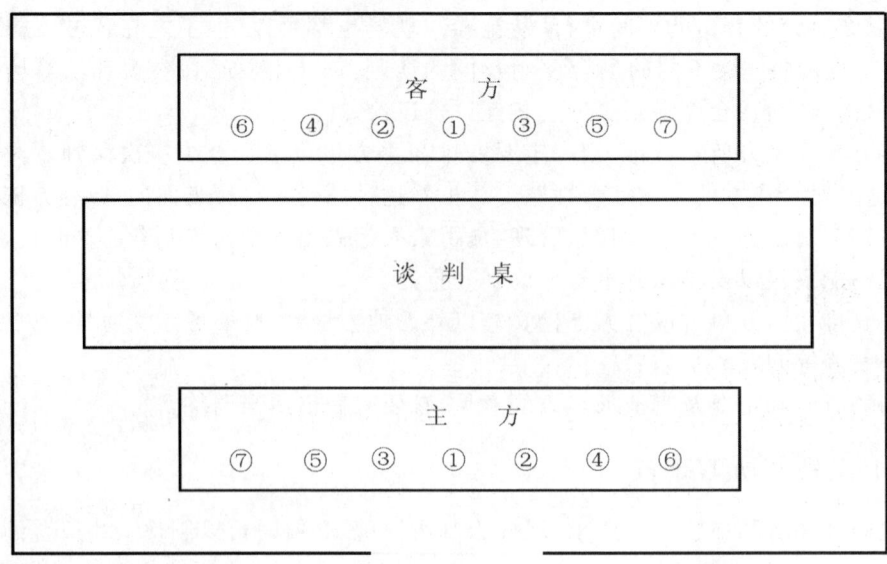

图 4-41　横桌式谈判排位

2. 竖桌式

竖桌式是谈判桌竖放于会议室正门的一种方式。以进门的方向为准,右侧为尊位,属于客方;左侧为下位,属于主方(见图 4-42)。

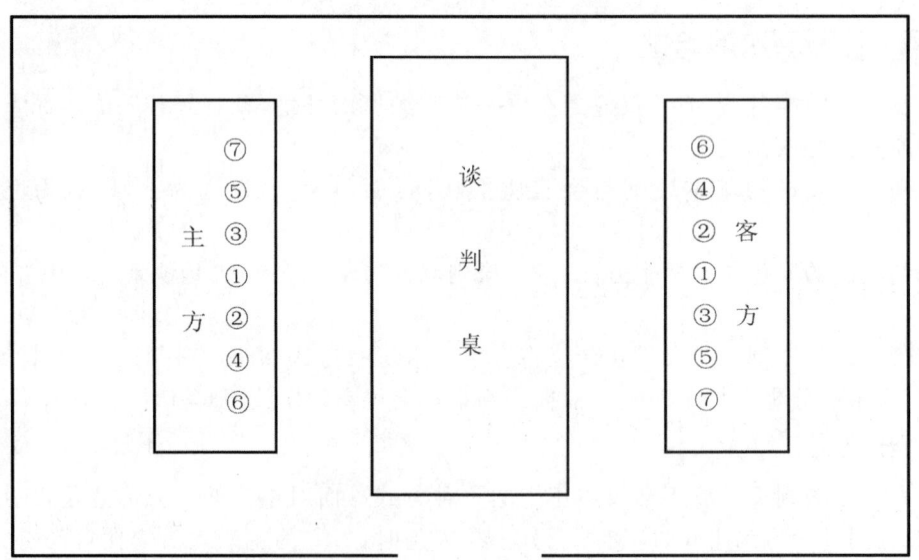

图 4-42　竖桌式谈判排位

如果双方参加人员已提前确定了,可以预先准备好座位卡,以便谈判人员清楚自己应该坐在哪个位置。座位卡要双面书写,以便谈判人员之间互相认识。

在非正式场合或条件较差时,只要遵循"以右为尊"这个基本原则就可以了。一般是等主人或主宾就座后,其他人就座于主人或主宾两旁。

3. 圆桌式

在举行多国参与的国际性商务谈判时,为了避免失礼,按照国际惯例,一般均以圆桌为谈判桌来举行"圆桌会议"。这样一来,尊卑的界限就被淡化了。即便如此,在具体就座时,依旧讲究有关各方的与会人员应尽量同时到场,同时就座。主方人员至少不应先于客方人员就座。

三、客座谈判的礼仪

客座谈判是在对方所在地进行的,通常谈判程序、日程安排等均由主方确定,因此,客方在选择性方面受限制较大,再加上对异地他乡的文化背景、社会风俗等情况不熟悉,心理情绪上也需调整适应。客座谈判时,需谨记"入乡随俗,客随主便",主动配合对方接待,对一些非原则性问题采取宽容的态度,以保证谈判的顺利进行。在客座谈判时,客方应该做好以下几个方面的工作。

1. 及时沟通

客方要注意与主方沟通,把己方谈判人员的基本情况,如人数、成员组成、抵达和离开的具体时间、航班或车次、食宿标准等提前告知主方,以方便主方做接待安排。其间如有人员变动、时间更改等,也应及时通知主方。可与主方协商提出自己的参观访问、游览观光等活动要求,但应尊重主方安排。

2. 积极配合

谈判期间,对主方安排的各项活动要准时参加,通常应比约定时间提前五分钟到达约定地点,到主方公司做公务拜访或私人访问时要先预约,不做不速之客。

客座谈判有时也可视双方的情况,除谈判的日程外,客方可自行安排食宿、交通、访问、游览等活动。

3. 表示感谢

对主方所做的准备工作和热情接待,客方应在适当的时间以恰当的方式表示感谢。

四、出席谈判人员的个人礼仪

谈判人员在为商务谈判进行技术性准备的同时,也要进行礼仪性准备。礼仪性准备的收效虽然一时难以预料,但它却是必不可少的,与技术性准备同等重要。

(一)仪容

双方谈判人员出席商务谈判时,必须注意个人形象。在仪表上,谈判人员务必要有严格的要求和统一的规定。男士应当注意仪容修饰,不准蓬头垢面,不准留胡子或留大鬓角。女士应选择端庄、典雅的发型并化淡妆,不允许做过于时尚、前卫的造型,不允许染彩色头发,不允许浓妆艳抹或使用香气过于浓烈的香水。

（二）服饰

着装在仪表方面是最值得重视的。谈判人员在这种场合应遵守服饰礼仪，男士应穿深色三件套西装和白衬衫，打素色或条纹式领带，配深色袜子和黑色系带皮鞋；忌穿夹克衫、牛仔裤、短袖衬衫、T恤衫、运动鞋或凉鞋。女士则需穿深色西装套裙和白衬衫，配肉色连裤式丝袜和黑色高跟鞋或半高跟皮鞋；忌穿紧身装、透视装、低胸装、露背装、超短装、牛仔装、运动装、休闲装，也不可光脚穿拖鞋式的露趾、露跟凉鞋。

（三）语言

谈判时在语言表达上要条理清晰，言简意赅，显示出个人的良好素质与修养。在对方发言时应点头应答"是的"、"对"、"我理解"等，可使对方受到鼓励，乐于表达。这样做不仅有助于谈判顺利进行，也是尊重对方的表现，并且要注意不要随意打断对方。发言时应力戒口头禅，使用礼貌用语。

（四）行为举止

谈判中，要放松心态，自然面对，面部表情自然，坐姿端正严肃，不要出现一些容易引起对方误解的体态语言；动作要自然得当，表现出优雅的仪态；目光应专注，适度直视对手，显示出自信的风采。

在谈判中，双方应该坦诚相见，心平气和，尤其要注意正确使用礼貌语言，礼敬对手，态度友好。要把人与事分别对待——对事要严肃，对人则要友好；对事不可以不争，对人则不可以不敬；对谈判中的问题要针锋相对，对对方的态度则要礼貌友好。在尊重对方的基础上，要坚持捍卫己方的观点和利益。

思考与任务

一、思考

1. 选择谈判的地点时应注意哪些问题？
2. 从礼仪的角度，简述谈判流程。
3. 谈判前进行介绍时，其顺序是什么？
4. 参加谈判的人员应遵守哪些礼仪？

二、任务

每两个组结合，模拟雪盛公司和魅力公司进行谈判的礼仪部分，其中雪盛公司为主座谈判。

子项目 5 签约礼仪

子项目 5 情景：雪盛公司和魅力公司经过谈判，达成了协议，并举行了签字仪式。

签约即合同的签署，它在商务交往中标志着有关各方取得了重大的进展，达成了一致性的见解。因此，签约极受商务人员的重视。

在具体签署合同之际，往往会依例举行一系列程式化的活动，即签约仪式，又称签字仪式。对签约这一称得上有关各方面关系发展史上"里程碑"式的重大事件，应当严格依照规范来应用礼仪。

一、签字仪式的概念及作用

（一）签字仪式的概念

签字仪式通常是指订立合同、协议的各方在合同、协议正式签署时所举行的仪式。举行签字仪式，不仅是对谈判成果的一种公开化、固定化，同时也是相关各方对自己履行合同、协议所做出的一种正式承诺。签字仪式是一种比较隆重、正式的礼仪，礼仪规范比较严格。

（二）签字仪式的作用

1. 确认会谈文件的效力

签字是对特定的书面意见表示确认的行为。会谈中产生的正式文件只有经过会谈各方的签字后才能生效。因此，会谈最后形成的文件一般都要举行签字仪式正式签署，以示确认并据此生效。从这一点上说，签字仪式是谈判型会议的延续。当然，并不是所有会谈的最后文件都需要举行签字仪式，只要进行了签字和盖章，就具有了同样的法定效力。

2. 体现对会谈成果的重视

签字仪式是对会谈文件进行确认的一种比较隆重的形式，有时各方还会派出身份较高的领导出席。因此，签字仪式通常只在会谈各方对会谈成果满意时才会举行。

3. 见证和扩大影响

举行签字仪式时，签字各方都要派代表参加，有时还会邀请第三方作为见证人，如邀请记者前来采访并做宣传报道等。这样既可强化见证作用，又能扩大社会影响，有利于树立签字各方的公众形象。

二、签字仪式的准备

(一)签字文本的准备

签字文本是指记载各方达成共识和协议的文本,是签字仪式的主要对象。洽谈或谈判结束之后,各方应指派专人按达成的协议做好文本的定稿、翻译、校对、印刷、装订、盖印等工作,因为文本一旦签署即具备法律效力,所以对待签文本的准备工作一定要慎重、严肃。

1. 签字文本的定稿

所谓定稿,就是通过谈判和磋商达成的协议来确定文本及其表述,这是文本准备的前提。依照商界的惯例,在正式签署合同之前,应由举行签字仪式的主方负责准备待签合同的正式文本。负责为签字仪式提供待签合同文本的主方,应会同有关各方一道指定专人,共同负责合同的定稿工作。定稿的合同内容应当和谈判及磋商达成的协议一致,应当符合相关法律法规、国际条约及国际惯例。

在决定正式签署合同时,定稿的合同为最终文本。它应当是正式的、不再进行任何更改的标准文本。只有在文本定稿后,才能举行签字仪式。

2. 确定使用的语言文字

如果是涉外双方签约,双方使用不同的语言文字,依照国际惯例签约文本应同时使用签约各方法定的官方语言撰写。按照主权平等的原则,这两种文字书写印刷的文本具有同等法律效力。必要时也可以使用第三种文字,例如采用国际通行的英文、法文撰写。根据《中华人民共和国缔结条约程序法》的规定,我国与其他国家签订双边条约时,在双方均不大熟悉对方的语言的情况下,除了使用双方的语言制作文本外,还可以用双方共同熟悉的第三种语言增加一种文本,并同样具有法律效力。

3. 确定正本和副本

(1) 正本的确定

正本,即签字文本,它与文字文本是两个不同的概念。国际性多边会谈的最后文本可以使用多种文字书写和印刷,形成多个文字文本。缔约各方可以在每一种文字文本上签字,也可以仅在一个共同商定的文本上签字。因此,文字文本不一定都能成为签字文本。例如《保护工业产权巴黎公约》的文字文本有法、英、德、意、葡、俄、西班牙文等,但签字文本只有法文文本一个。

(2) 副本的确定

正本在签字后由各方各自保存,或由专门的机构保存。但有时为了方便工作,也可以印制若干副本。副本的法律效力、印制数量和各方保存的份数由缔约各方根据实际需要协商确定,并在条款中加以说明。一般情况下,副本不用签字、盖章,或者只盖章、不签字。

4. 签字文本的核对

对于定稿的文本,在交付印刷之前,除了要核对协议条件与文本的一致性以外,还要核对各种批件、许可证及相关文件是否齐全,合同内容与批件内容是否相符等。在审核文本时,必须对照原稿件,做到一字不漏,如果在审核过程中发现问题要及时通报,直到问题解决。

5. 签字文本的印刷、装订

对于定稿、核对后的文本,应该进行印刷、装订。签字文本应该装订成册,其规格一般是 A4 纸。

按照惯例,应为在合同上正式签字的有关各方均提供一份待签的合同文本。必要时,还应为每一方提供一份副本。

6. 签字文本的盖章

为了保证文本在签字后立即生效,一般在举行签字仪式前,应先在签字文本上加盖各方的公章,这样文本一经签字便具有了法律效力。

(二) 参加仪式人员的确定

参加签约仪式的人员,一般根据签约合同的性质和内容而定,原则上要求身份对等,人员数量相当。各方参加的人数和出席者的身份应协商确定,一般来说,各方参加谈判的人员均应在场。客方应将己方出席签字仪式的人数、名单提前报给主方,以便主方做好相应的安排。

一般情况下,出席签字仪式的人员包括如下几种。

1. 签字人

各方签字人员必须具有代表一级政府或一个组织的法定资格。企业之间的合同,必须由法人代表签字,或者由法人代表所委托的人员签字。委托人员签字时必须出示委托人亲笔签署的委托书。

各方签字人员的职务和身份应当一致或大致相当。例如,一方由总经理签字,另一方也应由总经理签字,没有十分特殊的情况,不应派级别较低的人员签字。

2. 助签人

助签人的主要职责是在签字过程中帮助签字人员翻揭文本,并指明需要签字之处,防止漏签。由于涉外签字的文本由不同文字印成,各方签字的位置不一,一旦签错,文本就会作废,甚至导致签字仪式的失败,故助签人必须非常熟悉业务,认真细致。双边签字时,双方助签人的人选应事先商定;多边签字时,也可由主方派一名助签人,依次协助各方签字。

3. 领导人

为了表示对谈判成果的重视和庆贺,签约各方也可以派出身份较高的领导人参加签字仪式,但各方领导人的身份和职位也应大体一致。

4. 见证人

主要是指参加会谈的人员,各方人数应当基本相等。另外也可邀请律师、公证人员等参加。

5. 主持人

如果签字仪式中安排了各方领导致辞等活动,则应同时安排一位主持人,通过他来向全体参加人员介绍致辞人的身份。主持人一般由主办单位一方的人员担任,但应当同其他各方协商主持人的确定情况。

6. 群众代表

为了充分发挥签字仪式的鼓动和宣传教育作用,可邀请主办单位和客方单位的部分群众代表参加,也可邀请媒体、记者参加。

(三) 签字厅的准备

1. 场所的选择

举行签字仪式的场所,应视参加签约仪式人员的身份、级别、数量和所签文件的重要程度等诸多因素来确定。签字场所有常设的,也有临时以会议厅、会客室来代替的。著名宾馆、饭店的会议室,公司的会议室、会客厅都可以选择。既可以大张旗鼓地宣传,邀请媒体参加,也可以选择僻静场所进行。无论怎样选择,都应是双方协商的结果。任何一方自行决定后再通知另一方,都属失礼的行为。

2. 签字厅的布置

布置签字厅的总原则是庄重、整洁、安静,具体要注意以下几个方面的问题。

(1) 陈设要求

一间标准的签字厅,室内应当铺满地毯,除了签字必要的桌椅外,其他一切陈设都不需要。正规的签字桌应为长桌,桌上最好铺设深绿色的台布。

(2) 陈设摆放

按照仪式礼仪的规范,签字桌应当横放于室内,面向媒体或观众,后面可根据签署协议的人数摆放适量的座椅。签署双边性合同、协议时,可放置两张座椅供签字人就座。签署多边性合同、协议时,可以仅放一张座椅,供各方签字人签字时轮流就座,也可分别为每位签字人都提供一张座椅。签字人在就座时,应面对正门。

签字桌后应有一定空间供参加仪式的各方人员站立以及助签人走动,签字桌的前方应开阔、敞亮,如请媒体、记者,应留有相应的空间并配好灯光。

(3) 物品摆放

在签字桌上,循例应事先摆放好待签合同文本以及签字笔、吸墨器等签字时所用的文具。签字桌上可放置各方签字人的桌签。桌签一般写明签约的国家或组织的名称、签字人的职务及姓名。涉外签字仪式时,应当用中英文两种文字书写。

(4) 国旗的位置

与外商签署涉外商务合同时,需在签字桌上放置有关各方的国旗。摆放国旗时,应该依照礼宾顺序而行。例如,签署双边性合同、协议时,双方的国旗需放置在该方签字人座椅的前方。如果签署多边性合同、协议等,一般各方的国旗应依一定的礼宾顺序放置或悬挂在各方签字人的身后。

(5) 会标的内容

签字仪式的会标要求醒目,一般写法有以下两种:

① 由签约各方的名称、签字文本标题和"签字仪式"或"签约仪式"构成。
② 由签约各方的名称、签约内容和"签字仪式"或"签约仪式"构成。

(6) 香槟酒的准备

有时在签字仪式结束后,各方会举行小型酒会,举杯共庆会谈成功。工作人员应事先准备好香槟酒、酒杯等。

(四) 参加人员的座次安排

在正式签署合同时,各方代表对于礼遇均非常在意,因此主方应认真对待签字仪式上最能体现礼遇高低的座次安排。一般签字时各方代表的座次是由主方先期代为排定的。

以双方签约为例,签字场所的桌台设置和人员座次排位通常有以下几种方式。

1. 在签字厅内设置一张长条桌作为签字桌,桌后为签字人准备两把座椅,注意按照国际惯例,以右为上,排位为主左客右。如果是涉外签字仪式,还应在签字桌中央摆放一国旗架,上面悬挂或插放签字双方的小国旗。助签人应分别站立于各自一方签字人的外侧,以便随时对签字人提供帮助。其余参加签字仪式的主客方代表可以依照职位的高低,依次自左至右(客方)或者自右至左(主方)地列成一行,站立于己方签字人的座位后,当一行站不完时,可以按照以上顺序并遵照"前高后低"的原则,排成两行或三行(见图 4-43)。在我国,签字仪式多采用这种形式。

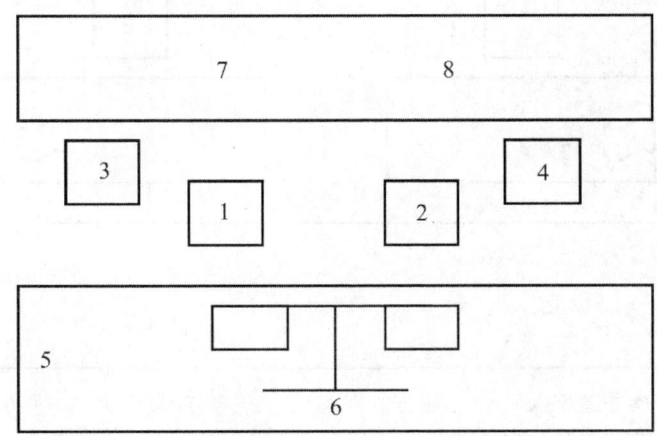

1——客方签字人 2——主方签字人 3——客方助签人 4——主方助签人
5——签字桌 6——双方国旗 7——客方参加签字仪式人员
8——主方参加签字仪式人员

图 4-43 签字厅的座次安排(1)

2. 与第一种方式不同的是双方的国旗分别悬挂在各自签字人员的座位后面,其余参加签字仪式的人员依身份高低分坐于己方签字人的对面(见图4-44)。

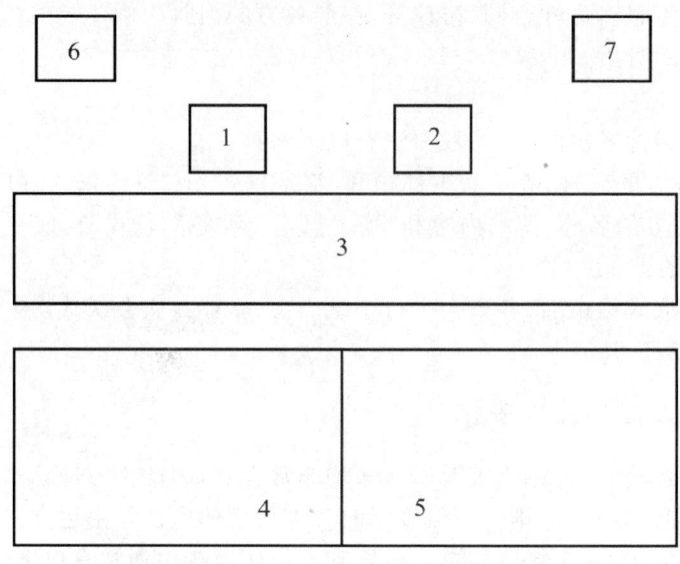

1——客方签字人　2——主方签字人　3——签字桌
4——客方参加签字仪式人员　5——主方参加签字仪式人员
6——客方国旗　7——主方国旗

图 4-44　签字厅的座次安排(2)

3. 签字厅内设两张桌子为签字桌,按照国际惯例,主左客右,双方签字人分别坐在一桌前,小国旗分别悬挂在各自的签字桌上。参加签字仪式的人员依顺序分坐于己方签字人的对面(见图4-45)。

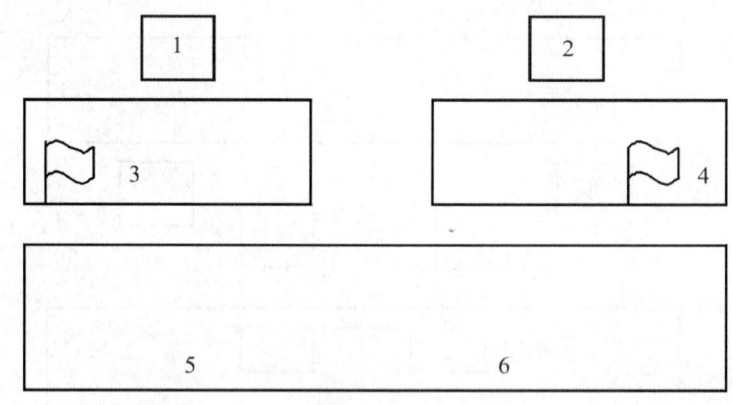

1——客方签字人　2——主方签字人　3——客方国旗　4——主方国旗
5——客方参加签字仪式人员　6——主方参加签字仪式人员

图 4-45　签字厅的座次安排(3)

双方签约者的身份和职位应对等,过高或过低都会造成不必要的误会。其他人员在座次排序或站立位置上也应有讲究,不可自以为是。在整个签约完成之前,参加仪式的双方人员都应面带平和的微笑,不宜随便走动、攀谈。

4. 在签署多边性合同时,必须依照有关各方事先同意的先后顺序,依次上前签字。

助签人应随之一同行动。在助签时，依"右高左低"的规矩，助签人应站立于签字人的左侧。与此同时，有关各方的随员应按照一定的序列面对签字桌就座或站立(见图4-46)。

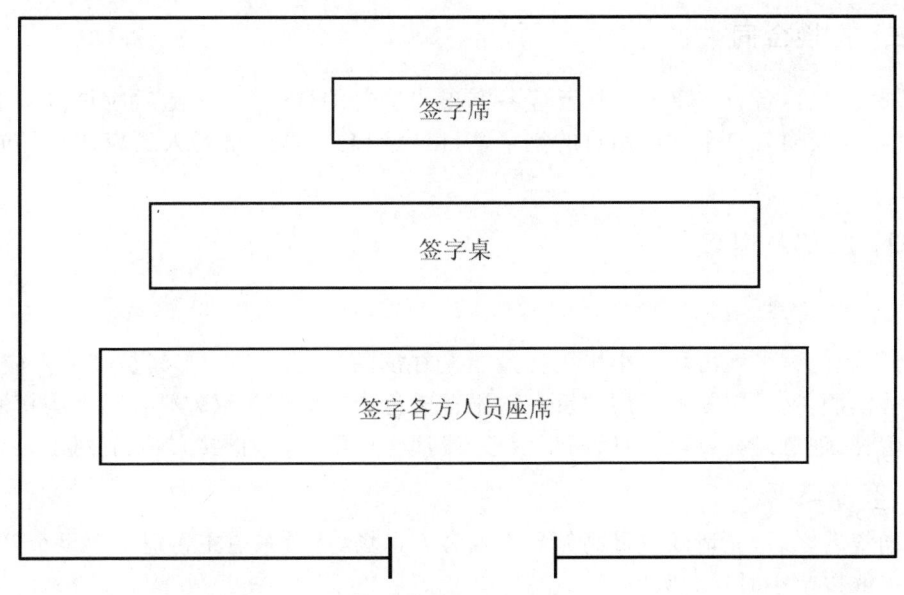

图 4-46　签字厅的座次安排(4)

（五）出席人员的服饰规范

按照惯例，签字人、助签人以及随员在出席签字仪式时，应当穿着具有礼服性质的深色西装套装或西装套裙，并配以白色衬衫。女士应穿肉色长丝袜和黑色皮鞋；男士应穿黑色皮鞋与深色袜子，还必须系上单色领带，以示正规。

在签字仪式上露面的礼仪人员、接待人员，可以穿自己的工作制服或者旗袍一类的礼仪性服装。

三、签字仪式的程序

签字仪式是双方最为关注的部分，虽然签字仪式的时间不长，但它是合同、协议签署的高潮，其程序必须规范、庄重而热烈。

（一）有关人员进场

有关各方人员进入签字厅后，应在既定的位置上各就各位。按照国际惯例，签字者按照主左客右的位置入座，其他人员则以各自的职位、身份高低为序，站于己方签字人之后，或坐在己方签字人的对面。

双方助签人应分别站在己方签字人的外侧，准备协助签字人翻揭文本，指明签字处。

（二）签署合同

一般来讲，签字人签署文本通常的做法是先签署己方保存的合同文本，再签署他方保存的合同文本,这一做法在礼仪上被称为"轮换制"。它的目的在于在位次排列上轮流使有关各方都有机会居于首位一次,以显示机会均等,各方平等。

(三)交换合同

合同签署后,各方签字人交换已经各方正式签署的合同文本,随后应热情握手,互致祝贺,并相互交换各自刚才使用过的签字笔,以示纪念。这时全场人员应该热烈鼓掌,表示祝贺。

(四)庆贺及退场

1. 举杯共庆

合同签署后,一般由礼宾小姐用托盘端上香槟酒,有关人员,尤其是签字人应当场干上一杯香槟酒,这是国际上通用的旨在增添喜庆色彩的惯例。双方举杯共饮香槟酒时,不能大声喧哗,注意碰杯要轻,而后高举示意,浅抿一口即可,举止要文雅、有风度。

2. 有序退场

合同签署之后,先请双方最高领导人及客方退场,然后东道主再退场。整个签字仪式的时间一般以半小时左右为宜。

思考与任务

一、思考

1. 签字仪式可以有哪些人员参加?
2. 什么身份的人可以作为主签人?
3. 签字仪式的程序有哪些?

二、任务

1. 画出我国常用的签字仪式的座次示意图。
2. 每两个组结合,模拟雪盛公司和魅力公司进行的签字仪式。

子项目6　商务仪式礼仪

项目6情景:雪盛公司和魅力公司的合作项目签约后,经过一番紧锣密鼓的准备工作,一切就绪,将在今天举行开工的剪彩仪式。

商务仪式是公司为了庆祝或纪念某个重要日子、重大事件而举行的气氛热烈而隆重的仪式,如开业仪式、剪彩仪式、签字仪式、交接仪式等。举办商务仪式既可表明公司对此项活动庄重、严肃的态度,又可借此扩大企业的社会影响力,提高企业的知名度和美誉度。

如果公司能抓住这个有利时机,借助商务仪式的特定内容、主题和场景气氛来树立企业形象,往往会收到意想不到的效果。所以,商务仪式的实质是商家的公关宣传和企业形象的塑造工程。而在这个重大活动过程中,礼仪具有非常重要的,甚至可以说是举足轻重的作用。

商务仪式是商家举办的隆重的商务礼仪活动之一。因此,作为商务人员,商务仪式的礼仪知识是必不可少的。在商务仪式中,公司往往要邀请各方来宾,如政府机关领导、客户代表、合作单位代表、各种媒体的记者等,对于各方来宾,都要按照礼仪规范的要求,做好各种接待、招待和安排工作。如果商家不懂得礼仪要求,在接待中有失礼之处,让来宾不满,轻则会使庆典气氛和活动效果受到影响,重则影响本单位今后的声誉、形象与商务人员自己的前途。

对被邀参加庆典的商务来宾也是一样,唯有懂得庆典礼仪,才能使自己顺利完成参加庆典的活动,同时增加与各方来宾的感情,密切合作关系,从而对今后的进一步合作产生积极的影响。

一、开业仪式

开业仪式也称为开业典礼,它是各类企业、商场、酒店等在成立或开张时,为了表示庆祝而按照相应的程序所举行的一项专门的仪式。开业仪式一直非常受商界人士的青睐,主要是因为通过它可以因势利导,对于商家自身事业的发展帮助很大。它既有助于扩大本公司的社会影响力,吸引社会各界的重视与关心;还能塑造出本公司的良好形象,提高企业的知名度与美誉度,从而为自己的事业创造一个新的起点。而开业礼仪,一般指的是在开业仪式筹备与运作的具体过程中所应当遵从的礼仪规范。通常,开业礼仪包括两项基本内容,一是开业仪式的筹备,二是开业仪式的礼仪要求。

(一)开业仪式的筹备

开业仪式的筹备是开业仪式的基础,所以,筹备工作非常重要。筹备开业仪式,一般应遵循"热烈"、"节俭"与"缜密"三原则。所谓"热烈",是指要想方设法在开业仪式的进行过程中营造出一种欢乐、喜庆、隆重的气氛,而不应令整个仪式过程过于沉闷、乏味。所谓"节俭",是要求主办单位在举办开业仪式以及为其进行筹备的整个过程中,在经费的支出方面量力而行,节制、俭省。所谓"缜密",是指主办单位在筹备开业仪式时,既要尊重礼仪规范,也要具体情况具体分析,认真策划,注重细节,分工负责,一丝不苟,力求周密、细致,确保临场不出差错。

具体而言,筹备开业仪式时,尤其需要做好舆论宣传、来宾邀请、场地布置、接待服务、程序拟定、礼品馈赠这六个方面的工作安排。

1. 做好舆论宣传工作

举办开业仪式的主旨在于塑造本单位的良好形象,因此,开业仪式前要进行必不可少的舆论宣传,吸引社会各界人士对自己的注意,争取社会公众对自己的认可或接受。

首先,要充分利用大众传播媒介,进行集中性的广告宣传。其内容多为开业仪式的举行日期、开业仪式的举行地点、开业之际对顾客的优惠、开业单位的经营特色,等等。

其次,邀请有关的媒体在开业仪式举行之时到场进行采访,以便对本单位进行进一步的宣传报道。

2. 做好来宾邀请工作

开业仪式影响的大小,往往取决于来宾身份的高低与其数量的多少。因此,在力所能及的条件下,要尽可能多邀请一些来宾参加开业仪式。地方领导、上级主管部门与地方职能管理部门的领导、合作单位与同行单位的领导、社会团体的负责人、媒体人员,都是邀请来宾时应予以优先考虑的。为慎重起见,用以邀请来宾的请柬应认真书写,并装进精美的信封,由专人提前送到对方手中。这样既能显示出对对方的尊重,又便于对方早作安排。

3. 做好场地布置工作

开业仪式多在开业现场举行,其场地可以是正门之外的广场,也可以是正门之内的大厅。按照惯例,举行开业仪式时宾主一律站立,一般不布置主席台或座椅。为显示隆重与敬客,可在来宾,尤其是贵宾站立之处铺设红色地毯,并在现场四周悬挂横幅、标语、气球、彩带、宫灯等。此外,还应当在醒目之处摆放来宾赠送的花篮、牌匾,来宾的签到簿,本单位的宣传材料,待客的饮料,等等。对于音响、照明设备以及开业仪式举行之时所需的各种用具,必须事先认真进行检查、调试,以防其在使用时出现差错。

4. 做好接待服务工作

在举行开业仪式的现场,一定要有专人负责来宾的接待服务工作。在接待贵宾时,需由本单位的主要负责人亲自出面;在接待其他来宾时,则可由本单位的礼仪小姐负责此事。若来宾较多,还须为来宾准备好专用的停车场、休息室,并应为其安排餐饮。

5. 做好程序拟定工作

为使开业仪式顺利进行,在筹备之时,必须要认真草拟具体的程序,并选定好称职的仪式主持人。从总体上来看,开业仪式大都由开场、过程、结局三大程序构成。

(1) 开场

开场时一般要奏乐,邀请来宾就位,随后由主持人宣布仪式正式开始,并介绍主要来宾。

(2) 过程

过程是开业仪式的核心内容。开业仪式通常包括本单位负责人讲话、来宾代表致辞、启动某项开业标志,等等。

(3) 结束

一般开业仪式结束后,宾主会一起到现场进行参观、联欢、座谈等后续活动。这是开业仪式必不可少的程序。

6. 做好礼品馈赠工作

根据常规,在开业仪式上应向来宾赠送礼品。一般来说赠送的礼品应具有以下几个特征。

(1) 宣传性

礼品可选用本单位的产品，也可在礼品以及外包装上印上本单位的企业标志、广告用语、产品图案、开业日期等。

(2) 独特性

礼品应当与众不同，具有本单位的鲜明特色，使人一目了然，过目不忘。

(3) 荣誉性

要使礼品具有一定的纪念意义，让拥有者对其珍惜、重视，并为之感到光荣和自豪。

(4) 方便性

要确保来宾拿到的礼品便于带走，既不容易破碎，大小轻重也合适。

(二) 开业仪式的举行

开业仪式通常都按照约定俗成的形式来进行。开业仪式的现场，应挂出醒目的会标，来宾赠送的花篮、牌匾等一定要摆放或者悬挂在适当的位置，以示尊重。主办方的全体人员都要修整仪容仪表，精神抖擞、热情饱满地提前上岗。宾客到来之前，要安排好负责人和迎宾人员在规定的位置恭候来宾光临。当宾客到来时，应按一定的规则有礼貌地引领来宾入场，并提供一些规范服务。

开业仪式开始时，主人应首先向来宾简短致辞，向来宾及祝贺单位表示感谢，并简要介绍本公司的经营特色、经营目标等情况，接着可安排上级领导和来宾代表致辞。为了增强气氛，在宣布开业仪式正式开始时，可以请乐队奏乐或播放节奏明快的乐曲，在非限制燃放烟花爆竹的地区还可燃放鞭炮庆贺。开业仪式完毕后，主人可引导来宾到企业内部进行参观，边陪同参观边介绍本公司的主要设施、特色产品和经营状况，并征询来宾意见，增进与来宾的关系。此外，还可以邀来宾到会议室进行简短座谈，请来宾在留言簿上签字、合影留念等。

如果是商品零售企业，在开业仪式结束后，往往会有大批顾客随主人及来宾一同进入店内。因此，应有公司领导、部门或柜组负责人和营业员一起，恭敬地站在门口，欢迎顾客光临。对于首批顾客，营业员更应注重服务礼仪，要主动征求顾客意见，热情介绍商品，感谢顾客惠顾，欢迎顾客经常光顾。此外，还可以准备一些印有公司名称、经营范围、地址、电话等字样的特别的购物袋或其他物品赠送给顾客作为纪念。

(三) 开业仪式的礼仪要求

1. 主办方礼仪

对于开业仪式的组织者来说，整个仪式过程都是礼待宾客的过程，尤其要注意以下几个方面。

(1) 准备周到

请柬的发放应及时，不得有遗漏；如果需要安排座位，通常应按照身份与职务的高低来确定主席台座次和贵宾席位；还要为来宾准备好迎送车辆等。

(2) 遵守时间

严格遵守请柬中规定的仪式起始时间，不要拖延，以免让人觉得言而无信。

(3) 待客热情

开业庆典的特点是气氛喜庆,首先要让来宾高兴,这是铺垫良好气氛的基础。所以主办方人员要热情待客,对每位客人的问题都要认真对待,每位来宾发言后都要热情鼓掌。

(4) 服饰规范

个人要做好仪容、仪表的修饰。有条件的单位最好穿统一式样的服装;没有条件的,应要求每个人穿着礼仪性的服装。

2. 宾客礼仪

(1) 宾客要准时参加开业仪式,为主办方捧场。如有特殊情况不能到场的,应尽早通知主办方,以便让对方另作安排。

(2) 宾客应在开业仪式前或在仪式中向主办方送些贺礼,如花篮、楹联等,并在贺礼上写明庆贺对象、庆贺缘由、贺词及祝贺单位。

(3) 见到主办方主要人员时,应向其表示祝贺;入场后应礼貌地与别人打招呼,可通过自我介绍、互换名片等方式结识更多的朋友。

(4) 在开业仪式上致贺词时,应简短精练,不能随意发挥,拖延时间。而且要表现得冷静沉着,心平气和,注意文明用语。

(5) 在开业仪式的进行过程中,宾客要做一些礼节性的回应,如鼓掌、跟随参观、写留言等。

(6) 宾客离开时要与主办单位的领导、主持人、服务人员等握手告别,并致谢意。

二、剪彩仪式

剪彩仪式,严格来讲,指的是商界的有关单位为了庆贺公司的设立、企业的开工、宾馆的落成、商店的开张、银行的开业、大型建筑物的启用、道路或航线的开通、展销会或展览会的开幕等而隆重举行的一项礼仪性活动,仪式中邀请专人使用剪刀剪断被称为"彩"的红色缎带。剪彩仪式是一种常用的提高企业和组织的知名度及公众影响力的公关宣传形式。

剪彩仪式一般安排在新建设施的工地或完工工程的现场举行。其准备工作与开业仪式有相同之处,如需要舆论宣传、发送请柬、布置会场、安排灯光与音响、对工作人员进行培训等。剪彩人员一般由上级领导、主管部门负责人、社会名流、合作伙伴、客户代表等担任。为了增加热烈、隆重和欢快的喜庆气氛,还可安排一定数量的训练有素、仪态高雅的礼仪小姐参加仪式,其着装应选择款式、面料、色彩统一的单色旗袍,穿黑色高跟皮鞋,配肉色长筒丝袜,化淡妆,发型以盘发髻为佳。

剪彩仪式的用品如剪刀、白纱手套、托盘应按剪彩者人数配备,系有花结的大红缎带应长2米左右。剪彩仪式的时间以短为宜,原则上不超过1小时,有时15分钟即可。

一般情况下,在各式各样的开业仪式上,剪彩都是一项极其重要的、不可缺的程序。剪彩仪式上有众多的惯例、规则是必须遵守的,其具体的程序亦有一定的要求。剪彩的礼仪就是对此所进行的基本规范。

（一）剪彩准备礼仪

1. 新剪刀

新剪刀是专供剪彩者在剪彩仪式上正式剪彩时使用的。它必须是每位现场剪彩者人手一把，而且必须是崭新、锋利且顺手的。剪彩之前，一定要逐把检查剪刀，看看是不是好用。务必确保剪彩者在正式剪彩时可以一举成功，避免出现一再补剪的情况。

2. 红色缎带

红色缎带即剪彩仪式中的"彩"，是由一整匹未曾使用过的红色绸缎，在中间结成数朵花团而形成的。一般来说，红色缎带上所结的花团，不仅要生动、硕大、醒目，其具体数目往往还与现场剪彩者的人数直接相关。

3. 白手套

白色薄纱手套是专为剪彩者准备的。在正式的剪彩仪式上，剪彩者剪彩时最好每人戴上一副白色薄纱手套，以示郑重。

4. 托盘

托盘要求托在礼仪小姐手中，用于盛放红色缎带、剪刀、白色薄纱手套等。在剪彩仪式上所使用的托盘，应当是崭新、洁净的，通常首选银色的不锈钢托盘。在剪彩时，可以用两只托盘依次向各位剪彩者提供剪刀与手套，并同时盛放红色缎带。

5. 红色地毯

在剪彩现场铺设红色地毯，主要是为了营造一种喜庆的气氛。红色地毯主要铺设在剪彩者正式剪彩时的站立之处。红色地毯的长度可视剪彩的人数而定，宽度不应小于一米。

6. 主席台布置

主席台上方可悬挂"××开业（竣工）典礼"的横幅，主席台前面还可以放置一些鲜花和花篮，以呈现出一派喜庆气氛。

（二）剪彩者礼仪

剪彩者是剪彩仪式的主角，由于他们的身份特殊，因此更易于被人们和媒体所关注。他们在仪式上的举止行为，要特别注意做到符合礼仪规范。

1. 修饰自己的仪表

剪彩者的仪表要庄重、整齐，着装要正规、严肃。根据剪彩内容的需要可选定不同的服装，西装、中山装或职业制服均可；头发要梳理整齐，颜面要洁净，以便给人留下容光焕发、干净利落的好印象。

2. 注意剪彩中的举止

剪彩者在仪式全程中应始终保持稳重的姿态、洒脱的风度和优雅的举止。起身剪彩时，应面带微笑地稳步走向待剪的彩带，从礼仪小姐的托盘中自取白手套、剪刀，并向礼仪小姐及两边的拉彩带者微笑示意,然后认真地将彩带一刀剪断,不可拖泥带水。如果剪彩者不止一人,还应当兼顾各位,彼此示意,尽量同时开剪。剪完后,将剪刀、手套放回托盘,举手向人们致意,并鼓掌庆祝。

3. 遵守进程

剪彩者一定要按照约定的时间提前来到仪式现场。到现场后,可与主办单位或其他先到一步的嘉宾交流谈心,不宜独坐一隅。仪式开始后,应专心听取别人的发言,关注仪式的进展程序,不宜喋喋不休地与人谈笑。剪彩完毕回位之前,应先和主办单位的代表握手致贺,礼节性地谈几句,或与他们在一起长时间地鼓掌。在后续活动中,也应善始善终,听从主办单位的安排。

(三) 助剪者礼仪

在剪彩者剪彩的一系列过程中,从旁为其提供帮助的礼仪小姐被称为助剪者。一般而言,助剪者多由东道主一方的女职员担任。她们承担着装点仪式、提供具体服务等重任,在仪式上虽说是配角,但却体现了举办单位的形象和员工的素质水平,因此礼仪在她们身上显得尤其重要。

1. 仪容、仪态要高雅

首先,助剪者的仪容、仪态要高雅。剪彩仪式上的礼仪小姐多数情况下应统一身着中华民族传统的礼仪服装——旗袍(也有穿西式套装的),脚穿黑色高跟皮鞋,化上淡妆,盘起头发,除戒指、耳环或耳钉外,不佩戴其他任何首饰;要面带微笑,步履轻盈,争取一举一动、一颦一笑都能给人以美的感受,做到典雅大方,光彩照人。

2. 举止行为要规范

在仪式进行中,礼仪小姐应训练有素,站姿、行姿等仪态要优雅端庄,尤其应注意全程要始终保持微笑。助剪者在上下场时,要注意井然有序,步履稳健,神态自然;在剪彩过程中,更要表现得不卑不亢,落落大方。

如果在仪式进行中有意外发生,例如剪彩者剪了几次仍未能剪断彩带,这时礼仪小姐应平静地妥善处理,以确保仪式顺利进行,切记不可手忙脚乱,大呼小叫。

3. 各自职责要记牢

礼仪小姐各自都有自己的职责:迎宾者主要是在活动现场负责迎来送往;引导者主要是在进行剪彩时负责带领剪彩者登台或退场;拉彩者主要是在剪彩时展开、拉直红色缎带;捧花者主要是在剪彩时手托花团;托盘者主要是为剪彩者提供剪刀、手套等剪彩用品;服务者主要是为来宾,尤其是剪彩者提供饮料、安排休息之处等。

在剪彩的整个进程中,礼仪小姐要规范而专业地完成自己的任务。例如引导者在引领宾客入座时要注意座次;托盘者要注意托盘中所放物品的种类、数目,以免剪彩过程中出现意外。

4. 责任心要加强

礼仪小姐在剪彩仪式中,应以规范的举止展示出本单位的形象和风采,她们应当意识到,自己在仪式上的一点点粗心大意都会给来宾留下深刻的印象,进而给本单位带来损失。所以礼仪小姐的工作需要有坚定的自控力和高度的责任心。如果在仪式进行中,礼仪小姐却不知去向或丢三落四、毫无表情,势必破坏剪彩仪式的热烈气氛,影响仪式的最终效果。

(四)剪彩仪式的程序

举行剪彩仪式,在礼仪上应注意隆重热闹。既然叫剪彩,就要张灯结彩。剪彩仪式的会场布置要求喜庆、热闹。剪彩仪式一般包括以下礼仪程序。

1. 请来宾就位

对于上主席台的人,可事先通知,到时由工作人员引导入座。在剪彩仪式上,通常只为剪彩者、来宾和本单位的负责人安排座席。主席台上一般放置姓名牌,以便来宾对号入座。仪式即将开始时,如果不是对号入座,可提醒参加者坐到合适的位置上。

2. 宣布仪式开始

会议主持人在宣布剪彩仪式开始后,全体到场者应热烈鼓掌,随后乐队演奏音乐。如果是在不禁止燃放烟花爆竹的地方,现场也可燃放鞭炮助兴。

3. 奏国歌

在奏国歌时,全体人员必须起立。

4. 简短发言

主办单位负责人致辞,首先应感谢来宾的光临,再介绍此次展览会、展销会等的宗旨,或者新设施建成的意义。也可安排来宾作祝贺性的发言。

5. 剪彩

在剪彩前,首先要向全体到场者介绍剪彩者,然后由主持人宣布剪彩开始。这时礼仪小姐应排成一行率先登场,从两侧同时登台或从右侧登台均可。当剪彩者均已到达既定位置后,托盘者应前行一步,到达剪彩者的右后侧,以便为其呈上白手套和新剪刀。拉彩者与捧花者登台之后应当站成一行,拉彩者站在两端拉直红色缎带,捧花者各自手捧一朵花团。托盘者需站立在拉彩者与捧花者身后,并且自成一行;也可以由一个人托盘兼捧花。

剪彩时,主席台上的人员一般要跟随在剪彩者身后1~2米处。剪彩者应不慌不忙,呈现一种稳重的姿态。当礼仪小姐用托盘呈上白手套和剪彩用的新剪刀时,剪彩者戴上手套、拿起剪刀后,应首先向拉彩者、捧花者示意,待其有所准备后,集中精力,右手持剪刀,表情庄重地将红色缎带一刀剪断。

若多名剪彩者同时剪彩,其他剪彩者应注意主剪者的动作,要与其动作协调一致,力争大家同时将红色缎带剪断。剪彩者在剪彩成功后,可以右手举起剪刀,面向全体到场者致意,然后放下剪刀,脱下手套,再向周围人群举手或鼓掌致意。同时可放彩炮,全体在场者应热烈鼓掌。接下来,剪彩者可依次与东道主进行礼节性的谈话并握手道喜,然后礼貌退场。

6. 参观

剪彩之后,主人应陪同来宾参观,至此仪式宣告结束。随后,东道主单位可向来宾赠送纪念性礼品,可能的话,可以自助餐款待全体来宾。

三、交接仪式

交接仪式,在商界一般是指施工单位依照合同将已经建设完毕的工程项目,如厂房、商厦、宾馆、办公楼、机场、码头、车站,或飞机、轮船、火车、机械等大型设备,经验收合格后正式移交给使用单位之时,所专门举行的庆祝典礼。

举行交接仪式的重要意义在于,它既是商务伙伴们对于所进行过的成功合作的庆贺,也是对给予过自己关怀、支持、帮助和理解的社会各界的答谢,同时也是接收单位与施工、安装单位巧妙地利用时机,为各自提高知名度和美誉度而进行的一种公共宣传活动。

(一) 仪式场地的选择和布置

交接仪式的会场一般选择在工程项目的现场或货物移交的方便地带,也可在其他场所举行。不管仪式场地选择在何处,作为东道主或交付者的一方,均应事先指令专人或组织临时的专门小组布置会场。会场的布置既不能铺张浪费,过分华丽,也不能太草率简陋,过于一般,而应当以适当的形式渲染、营造出一种热烈、隆重和喜庆的气氛。会场正中应悬挂类似于"××工程交接仪式"或"热烈庆祝××××建成使用"的巨型横幅。在会场的入口处或主席台前,还可插上或悬挂一定数量的彩旗。会场上空可牵放带有庆贺标语的彩色大型气球,会场两侧可依次摆放来宾赠送的花篮等。

(二) 出席仪式人员的邀请

出席交接仪式人员的邀请通常应由仪式的东道主会同接收单位协商确定。交接仪式的出席人员原则上应包括施工或承包单位的有关人员、接收单位的有关人员、上级有关主管部门的负责人或其代表、当地政府的负责人、协作单位的代表、质量检验人员及公证人员、新闻记者等。在仪式举行之前,交接双方的负责人应提前到达会场,并在门口恭迎来宾的光临,并指定专人进行迎送、接待、引导、陪同等礼仪应酬工作。

(三) 交接仪式的程序

不同内容的交接仪式,其具体程序往往各有不同。主办单位在拟定交接仪式的具体程序时,必须注意两个方面的重要问题:其一,必须在大的方面参照惯例执行,尽量不要标新立异;其二,必须实事求是,量力而行,不必事事贪大求全。从总体上来讲,几乎所有的交接仪式都少不了下述五项基本程序。

1. 宣布开始

主持人请有关人员到主席台就座后,宣布交接仪式开始,此刻,全体与会者应当进行较长时间的鼓掌,以热烈的掌声来表达对于东道主的祝贺。

2. 奏乐曲

宣布开始之后可以演奏交付单位的标志性乐曲。此时,全体与会者必须肃立。该项程序有时亦可省略。不过若能安排这一程序,往往会使交接仪式显得更为庄严而隆重。

3. 开始交接

具体的做法,主要是由交付方的代表,将有关工程项目、大型设备的验收文件、一览表或者钥匙等象征性物品,正式递交给接收方的代表。此时,双方应面带微笑,双手递交、接收有关物品。在此之后,还应热烈握手。如条件允许,在该项程序进行的过程中还可在现场演奏或播放节奏欢快的喜庆性歌曲。

为了进一步营造出热烈而隆重的气氛,这一程序亦可由上级主管部门或地方政府的负责人为有关的工程项目、大型设备的启用而剪彩所取代。

4. 各方代表发言

在交接仪式上,应由有关各方的代表进行发言。他们依次应为:交付方的代表,接收方的代表,来宾的代表,等等。

这些发言一般均为礼节性的,并以喜气洋洋为主要特征,通常宜短忌长,点到为止即可。原则上来讲,每个人的此类发言应以三分钟为限。

5. 仪式结束

主持人宣布交接仪式结束。随后主办方安排全体来宾进行参观或观看文娱表演。此刻,全体与会者应再次进行较长时间的热烈鼓掌。

如果方便的话,正式仪式一旦结束,交付方与接收方应立即邀请各方来宾一道参观有关的工程项目或大型设备。

(四)参加仪式人员的礼仪

在参加交接仪式时,不论是东道主一方还是来宾一方,都存在一个表现是否得体的问题。假如有人在仪式上表现失当,往往就会使之黯然失色,有时甚至还会因此而影响到有关各方之间的关系。

1. 主方人员应遵守的礼仪

(1) 注意仪表整洁

东道主一方参加交接仪式的人员,不仅应当是"精兵强将"、"有功之臣",而且要能够代表本单位的形象。因此,必须要求他们妆容规范,服饰得体,举止典雅。

(2) 注意待人热情

不管自己是否专门负责接待、陪同或解说工作,东道主一方的全体人员都应当自觉地树立起主人翁意识。一旦来宾提出问题或需要帮助时,每个人都要鼎力相助。即使自己力不能及,也要向对方说明原因,并且及时向有关方面进行反映。

(3) 注意保持风度

在交接仪式举行期间,东道主一方的人员不能东游西逛,交头接耳,打打闹闹;在为发言者鼓掌时,不能厚此薄彼;当来宾向自己道喜时,喜形于色无可厚非,但切勿嚣张放肆,得意忘形。

2. 来宾应遵守的礼仪

来宾在应邀出席交接仪式时，也应当对自己的礼仪行为严格要求。

（1）应当致以祝贺

接到正式邀请后，被邀请者应尽早以单位或个人的名义发出贺电或贺信，向东道主表示热烈祝贺。有时，被邀请者在出席交接仪式时，将贺电或贺信面交东道主，也是可行的。不仅如此，被邀请者在参加仪式时，还须郑重地与东道主一方的主要负责人一一握手，并再次口头道贺。

（2）应当略备贺礼

为表示祝贺之意，来宾可向东道主一方赠送一些贺礼，如花篮、牌匾、贺幛等。它可由花店代为先期送达，亦可由来宾在抵达现场时面交主人。

（3）应当预备贺词

若受邀方与东道主关系密切，还须提前预备一份书面贺词，供接受邀请的代表来宾发言使用。其内容应当简明扼要，主要是为了向东道主一方道喜祝贺。

（4）应当准点到场

若无特殊原因，受邀者接到邀请后，务必牢记在心，准时抵达，为主人捧场。若不能出席，则应尽早通知东道主。

四、奠基仪式

奠基仪式是指一些重要的建筑物在动工修建之初所举行的正式庆贺性活动。对于奠基仪式现场的选择与布置，有一些独特的规范。

（一）奠基仪式的准备

1. 奠基地点的选择

奠基仪式举行的地点一般应选在动工修筑建筑物的施工现场。而奠基的具体地点，按常规均选在建筑物正门的右侧。

2. 奠基石的准备

一般情况下，用于奠基的奠基石应为一块完整无损、外观精美的长方形石料。在奠基石上，文字通常应当竖写。在其右上款，应刻有建筑物的正式名称；在其正中央，应刻有"奠基"两个大字；在其左下款，则应刻有奠基单位的全称以及举行奠基仪式的具体日期。奠基石上的文字，大都讲究以楷体字刻写，并且最好是白底金字或白底黑字。

3. 奠基铁盒的准备

在奠基石的下方或一侧，还应安放一只密闭完好的铁盒，内装与该建筑物相关的各项资料以及奠基人的姓名。届时，它将同奠基石一道被奠基人等培土掩埋于地下，以志纪念。

4. 设立彩棚

通常,在奠基仪式的举行现场应设立彩棚,安放该建筑物的模型或设计图、效果图,并使各种建筑机械就位待命。

(二)奠基仪式的程序

奠基仪式的程序大体上分为五项:

1. 主办方宣布仪式正式开始并介绍到场来宾,此时要全体起立;
2. 奏国歌;
3. 主办方对该建筑物的功能以及规划设计进行简要介绍;
4. 来宾致辞道喜;
5. 正式进行奠基。

此时,应敲锣打鼓或演奏喜庆乐曲。首先,由奠基人双手持握系有红绸的新锹,为奠基石培土;随后,再由主办方人员与其他嘉宾依次为之培土,直至将其埋没为止。

思考与任务

一、思考

1. 商务仪式主要有哪些?
2. 开业仪式的程序有哪些?
3. 在各种商务仪式中,参加者应注意哪些礼仪?

二、任务

每两个组结合,模拟雪盛公司和魅力公司合作项目的剪彩仪式。

参 考 文 献

[1] 金正昆.商务礼仪[M].西安:陕西师范大学出版社,2012.
[2] 崔玉环,祝永志.商务礼仪[M].北京:高等教育出版社,2014.
[3] 吕维霞,刘彦波.现代商务礼仪[M].北京:对外经济贸易大学出版社,2006.
[4] 殷杰兰,潘玲.实用商务礼仪[M].海口:南海出版公司,2007.
[5] 何伶俐.高级商务礼仪指南[M].北京:企业管理出版社,2003.
[6] 李小丽,段晓华.商务礼仪与职业形象[M].北京:北京交通大学出版社,2010.
[7] 罗元,张兰平.商务礼仪实训指导[M].北京:化学工业出版社,2011.
[8] 曹浩文.如何掌握商务礼仪[M].北京:北京大学出版社,2004.
[9] 陆纯梅,范莉莎.现代礼仪实训教程[M].北京:清华大学出版社,2008.

打造学术精品　服务教育事业
河南大学出版社
读者信息反馈表

尊敬的读者：

　　感谢您购买、阅读和使用河南大学出版社的 _____ 一书，我们希望通过这张小小的反馈表来获得您更多的建议和意见，以改进我们的工作，加强我们双方的沟通和联系。我们期待着能为您和更多的读者提供更多的好书。

　　请您填妥下表后，寄回或发 E-mail 给我们，对您的支持我们不胜感激！

1. 您是从何种途径得知本书的：
　　□书店　□网上　□报刊　□图书馆　□朋友推荐

2. 您为什么决定购买本书：
　　□工作需要　□学习参考　□对本书感兴趣　□随便翻翻

3. 您对本书内容的评价是：
　　□很好　□好　□一般　□差　□很差

4. 您在阅读本书的过程中有没有发现明显的专业及编校错误？如果有，它们是：
_____
_____
_____

5. 您对哪一类的图书信息比较感兴趣：_____
_____

6. 如果方便，请提供您的个人信息，以便于我们和您联系（您的个人资料我们将严格保密）：

　　您供职的单位：_____
　　您教授的课程（老师填写）：_____
　　您的通信地址：_____
　　您的电子邮箱：_____

请联系我们：
电话：0371-86059712　0371-86059713　0371-86059715　0371-86059721
传真：0371-86059713
E-mail:hdgdjyfs@163.com
通信地址：河南省郑州市郑东新区 CBD 商务外环路商务西七街中华大厦 2304 室
河南大学出版社高等教育出版分社